T0281978

TRAS LAS HUELLAS DE LA PROFECÍA DE LA MARIPOSA

Título original: THINK INDIGENOUS
Traducido del inglés por Antonio Luis Gómez Molero
Diseño de portada: Editorial Sirio, S.A.
Maquetación: Toñi F. Castellón
Imagen de la página 45 de Amy Starspeaker
Fotografía del autor: autorretrato de Dug Good Father

© de la edición original
2021 de Doug Good Feather

Publicado inicialmente en 2021 por Hay House Inc. USA

© de la presente edición
EDITORIAL SIRIO, S.A.
C/ Rosa de los Vientos, 64
Pol. Ind. El Viso
29006-Málaga
España

www.editorialsirio.com
sirio@editorialsirio.com

I.S.B.N.: 978-84-19685-66-7
Depósito Legal: MA-1985-2024

Impreso en Imagraf Impresores, S. A.
c/ Nabucco, 14 D - Pol. Alameda
29006 - Málaga

Impreso en España

Puedes seguirnos en Facebook, Twitter, YouTube e Instagram.

 El papel utilizado para la impresión de este libro está **libre de cloro** elemental (ECF) y su procedencia está certificada por una entidad independiente, no gubernamental, que promueve la sostenibilidad de los bosques.

DOUG GOOD FEATHER

TRAS LAS HUELLAS DE LA PROFECÍA DE LA MARIPOSA

ESPIRITUALIDAD
INDÍGENA AMERICANA
PARA EL MUNDO MODERNO

Transcrito por Doug Red Hail Pineda

EDITORIAL
SIRIO

Escribí esta historia para ti, pero lo hice sin saber que
te marcharías antes de que lograra terminarla y que tus
enseñanzas serían una parte fundamental de mi escritura y
de mi vida. Cassandra Ann Good Feather
–Good Hearted Eagle Woman–, mi segunda hija mayor,
a la que le diagnosticaron leucemia a los veintiún años,
tras enterarse de que iba a tener un bebé, mi nieto Zuya
Ohitika. Mientras la enfermedad seguía su curso habitual
y se cobraba su vida junto con la de mi nieto, se mostró
valiente y fuerte. Cassie era la guerrera más bondadosa que
he conocido, y su vida y su sacrificio me han demostrado
lo que significa el verdadero amor. Te agradezco que me
eligieras como padre. Quiero darte las gracias y honrar
tu vida viviendo con dignidad y compartiendo todo lo
que he aprendido. Hasta que nos volvamos a ver.
–Tu humilde padre

ÍNDICE

PRÓLOGO

Hemos llegado juntos a este lugar, a este modo de vida espiritual; sin embargo, tomamos caminos muy diferentes. Por supuesto, esto se puede decir de todos y de todo en esta vida. Cada uno recorre su propia senda, pero a menudo llegamos al mismo final. Quizá tú también alcances esta misma conclusión.

Este libro refleja mi forma de vida. Yo vivo así. Me educaron en la reserva india de Standing Rock, siguiendo las costumbres indígenas tradicionales, aunque, durante todos esos años de infancia, no tenía ni idea del regalo que eso suponía. Pienso en la forma en que me criaron... Me educaron para ser un guerrero. No obstante, para serlo, no me instruyeron sobre la guerra, sino sobre el amor, la compasión, la generosidad, la fortaleza y el valor. Todo lo que necesitaba saber y comprender para cuidar de mí mismo y ser un guerrero de la paz y el amor.

Para formar parte de una comunidad, tienes que empezar por ti mismo. Los demás se benefician de ello porque no tienen que cuidar de ti; tú puedes cuidar de ellos y convertirte en el próximo maestro, transmitiendo los valores y virtudes con los que te criaste. La autosuficiencia y el amor propio son lo primero. Esa es la primera etapa.

Sin embargo, a medida que nos vamos haciendo mayores, pasamos por diferentes etapas vitales y rituales de iniciación. En mi comunidad, me convertí en explorador o centinela; mi misión consistía en vigilar el campamento. Cuando llegaba el peligro, debía proteger a la comunidad. Si no hubiera aprendido a tener amor propio y a ser autosuficiente, no habría sido capaz de amarla ni de sentir compasión por quienes me rodeaban. Tenía que amarme a mí mismo para poder amar y proteger a los demás.

Por supuesto, no siempre lo recordé. Cuando regresé de la guerra como veterano de combate, estaba destrozado. Algunas de mis heridas eran visibles y otras no. Había estado casado, pero mi matrimonio terminó convirtiéndose en otro daño colateral de aquella guerra. Tuve que pasar por mi propio proceso de curación. Y mi comunidad me ayudó a recorrerlo. Volví a sumergirme en nuestras costumbres tradicionales para intentar encontrar respuestas, y reconecté con mis ancianos para que me ayudaran a sanar y a llamar a mi espíritu para que volviera a mi cuerpo. Entendí lo eficaz que es esta manera de vivir, de trabajar con la gente y de ayudarla. Es más natural y enriquecedora. Fue así como comprendí lo poderosa que es esta forma de vida a la que antes no daba la menor importancia.

La comprensión de la fuerza que tiene el modo de vida espiritual indígena proviene en parte de la oración, de conectar directamente con Dios, o el Creador. De niño iba a la iglesia y mi comunidad era profundamente espiritual; sin embargo, cuando salí de la reserva me di cuenta de que no sabía rezar. Creo que eso nos pasa a muchos. Vamos a la iglesia y recitamos las oraciones, o escuchamos a nuestros mayores rezar, pero nadie nos enseña a hacerlo por nosotros mismos. Y cuando me fui de casa, necesitaba orar. La iglesia era artificial, y nuestras ceremonias indígenas eran naturales, de manera que me eduqué con un pie en cada mundo... Me sentía muy perdido.

Así que me limité a hablar con el Creador, que era lo único que sabía hacer. Le dije: «No sé rezar, pero espero que me oigas. Espero que oigas mi voz mientras estoy aquí ante ti. Te pido que me guíes en este viaje en el que salgo al mundo por mi cuenta. Tengo miedo y me siento perdido; creo que no encajo aquí ni en ningún sitio. Pero confío en ti, en que me llevarás adonde necesito estar».

Así, sencillamente hablando, fue como aprendí a rezar. Cuanto más rezaba, mejor me sentía. Y mi oración para ti mientras lees este libro es esta: que te sientas cómodo con no saber qué es lo correcto. Nadie sabe hacerlo todo y nadie se libra de cometer errores. Muchas veces, cuando cometía un error, me castigaba. Sin embargo, esa no es una buena forma de vivir. Nadie ha dicho que la vida tenga que ser fácil. Si lo fuera, no necesitaríamos la oración, ni la espiritualidad, ni la curación.

Mi destino era cometer errores para así poder crecer, nutrirme, aprender y convertirme en un ser mejor para mi familia y mi comunidad.

Conforme me iba familiarizando con las costumbres indígenas, comprendí que mi propósito era ayudar a la gente a través de ellas, y esto pasaba por aprender a enseñar a los demás.

Comprendí que esta forma de entender la vida no era algo que yo dirigiera, sino más bien algo que me dirigía a mí. Para recorrer la Senda Roja hay que prescindir del ego, porque no hay lugar para él. Esto te enseña a ver todo y a todos como algo que está relacionado. *Mitákuye Oyás'iŋ* es la expresión que designa la unidad de todo lo que ha sido creado por Wakȟáŋ Tȟáŋka, el Gran Misterio. Esto es solo el principio, y a partir de aquí viajaremos juntos para aprender y sanar... No importa de dónde seas, ni la lengua que hables, aprenderemos a vernos como una familia. Hacer de esta vida algo bueno depende de todos nosotros.

INTENCIÓN

La intención de este libro es fomentar el crecimiento de las comunidades. En sus páginas se enseña la filosofía de los nativos americanos como un medio para que la gente encuentre el camino de vuelta a su propia espiritualidad natural y a la curación. De hecho, la curación no es más que el proceso de encontrar la senda que nos lleva de regreso a nuestras raíces. Puede ayudarte a reconciliarte con las partes heridas de ti mismo,[*] las que te avergüenzan, y a conocer claramente quién estás destinado a ser y cuál es tu propósito en esta tierra. Este libro es el fruto de una profecía. Cada mensaje comenzó como una oración y fue respondido en una ceremonia.

---

[*] N. del T.: Por razones prácticas, se ha utilizado el masculino genérico en la traducción del libro. La prioridad al traducir ha sido que la lectora y el lector reciban la información de la manera más clara y directa posible.

Tu espiritualidad indígena te ayudará a entender que no tienes que pasar por toda una vida de sufrimiento para encontrar una sensación de conexión y paz. Para conseguirlo solo tienes que escuchar a tu guía espiritual innata. Todos la tenemos, llámese conciencia, intuición, valores morales o virtudes, ya está impresa en nosotros cuando nacemos. Percibimos en nuestro corazón si algo está bien o mal. Esto no hace falta enseñarlo. Todos tenemos este conocimiento; solo necesitamos que nos lo recuerden. Todos somos humanos y todos venimos con esta misma comprensión. Esta es la ley natural, la inteligencia espiritual, y de eso trata este libro.

LA LEY DEL CREADOR

Hemos de tener presente que hay que equilibrar la ley natural con el mundo moderno y reconciliar nuestro pasado con el presente. Estas cosas ya están perfectamente equilibradas en nosotros, igual que la luna está perfectamente equilibrada con la tierra y el sol está equilibrado a la perfección con los planetas. Y ese equilibrio –esa autorrealización– tiene que empezar dentro de nosotros, con nuestro amor propio y nuestra autosuficiencia.

Si no estás seguro de si vas por el buen camino, de si estás leyendo el libro adecuado o si estás tomando las decisiones correctas en la vida, la ley natural del Creador te guiará. Pregúntate: ¿has visto recientemente una libélula? La libélula es una mensajera, que transmite la guía del mundo espiritual a quienes se encuentran en un viaje de autorrealización espiritual. Presta atención. En el momento en que tomes este libro y empieces a leerlo, la libélula comenzará a aparecer en diversos lugares de tu vida. Y, como la libélula, nuestra esperanza es que este libro aparezca en tu vida en el momento en que lo necesites.

Nuestro viaje comienza –como siempre– desde dentro.

INTRODUCCIÓN
Espiritualidad indígena

*A nuestros mayores, perdonad que hable ante vosotros; soy joven
y aún me queda mucho que aprender. Gracias por todo lo que
nos habéis enseñado para mantener vivas estas costumbres.*

—DOUG GOOD FEATHER

Mucha gente se siente atraída por las tradiciones humildes y la sabiduría ancestral de la espiritualidad de los nativos americanos; sin embargo, este libro no pretende enseñar a nadie a ser un «indígena americano». **La intención de esta obra es ayudar a la gente a construir un puente desde su vida en el mundo moderno hasta las profundas raíces ancestrales de su espiritualidad innata.** De hecho, si viajáramos a nuestros orígenes ancestrales terrenales, cada uno de nosotros descubriría una herencia y una sabiduría profundamente arraigadas en las formas espirituales indígenas de la antigua Europa, África, Asia, América del Norte y del Sur, las naciones insulares, las naciones árticas y otras tierras que ahora solo existen en mitos y leyendas. El objetivo de este libro es guiarnos en un viaje espiritual personal para que establezcamos esta conexión, utilizando nuestra propia herencia, enseñanzas y forma de vida indígenas. Por supuesto, no todos somos indígenas americanos, pero todos y cada uno de nosotros somos indígenas de la Madre Tierra.

La espiritualidad indígena no es una religión; es una forma de vivir basada en la naturaleza y alineada con la Madre Tierra y las leyes espirituales del universo. La respuesta a cualquier pregunta significativa puede encontrarse en el mundo natural si aprendes cómo y dónde buscar. Quienes aprenden el pensamiento indígena viven libres de cualquier intento humano de explotar y manipular la intención del Creador. La espiritualidad indígena es tanto una práctica como una forma de vida. No la controla ningún partido político ni la dicta ningún dogma religioso; es posible practicar cualquier religión y, al mismo tiempo, sentirse identificado con la espiritualidad indígena. Al aprender el pensamiento indígena, lo que hacemos es aprender los principios del honor y la compasión por todos los seres y cómo integrarlos en nuestra vida cotidiana para poder experimentar una relación intensa y hermosa con las personas y el mundo que nos rodean. Así que empecemos por donde comenzó este viaje.

LA BÚSQUEDA DE UNA VISIÓN

Este libro es el resultado de una profecía que me fue revelada durante una búsqueda de visión en Bear Butte, un lugar sagrado de las Colinas Negras de Dakota del Sur que los pueblos indígenas han utilizado durante milenios en sus búsquedas de visión. En esta visión, el Gran Espíritu me ordenó que compartiera los caminos de la espiritualidad de los nativos americanos para ayudar a quienes sufren y necesitan conectar con la sabiduría ancestral y la sanación de sus propias raíces espirituales. La totalidad de esta obra surgió de esta visión, lo cual no quiere decir que sea nueva. Se trata de una síntesis de un largo periodo de la historia y de muchos relatos, filosofías y enseñanzas de todo el mundo, recogidos en un momento de especial trascendencia.

Sin embargo, llegar a ese momento no fue fácil. Aproximadamente un año antes de mi búsqueda de la visión, sufría un trastorno de estrés postraumático debilitante, que un día me dejó postrado en una cuneta a un lado de la carretera, llorando. Alguien vino a echarme una mano para ponerme en pie y me sacudió, levantándome de la zanja, pero cuando me volví, no había nadie.

Un par de semanas más tarde, un anciano se me apareció en sueños y me dijo que me preparara durante un año para una búsqueda de visión, algo que ni siquiera me había planteado intentar. El anciano me dijo que empleara ese año en pensar qué quería hacer en la vida –qué huella deseaba dejar en este mundo– y que luego fuera a las Colinas Negras en busca de respuestas.

En una búsqueda de visión, rechazas el agua y la comida y te entregas por completo al camino espiritual. Ni siquiera sabes si sobrevivirás o no, pero depositas tu confianza en el Creador.

Ayuné en la montaña durante cuatro días. Al segundo día, estaba a punto de rendirme. Sentía que me moría. Y entonces, de la nada, me vi rodeado de pequeñas mariposas que revoloteaban a mi alrededor, sosteniéndome. Y mi duda y mi sufrimiento desaparecieron.

Luego, las mariposas se fueron y regresó el sufrimiento, pero entonces llegó otro enjambre. Mariposas más grandes, de muchos colores –azul, rojo, verde–, que me infundían compasión y me aliviaban el dolor y el miedo. Me guiaron durante todo aquel día, y lo que en realidad fueron horas me parecieron minutos. Me dieron la fuerza que necesitaba para permanecer en aquella montaña y poder cumplir el compromiso que había adquirido.

Al tercer día, al amanecer, llegó un pájaro azul que cantaba una hermosa melodía. Su canto me hipnotizó mientras lo escuchaba y me llevó a mi visión y a la raíz y la razón de mi búsqueda. El anciano que había acudido a mí en mi sueño volvió a aparecer. Me dijo: «Me alegro de que hayas venido. Fui yo quien te sacó de aquella zanja. Vamos a mostrarte tu propósito: mira».

Señaló a lo lejos, y el suelo que yo pisaba se elevó. Entonces pude ver a todos los habitantes de la Tierra, sumidos en el caos y la desesperación. Y el anciano me dijo: «Mira. Vosotros mismos os enfermáis. Para que la gente se cure, tiene que estar dispuesta a hacer sacrificios, a perdonar y a amar».

LA PROFECÍA DE LA MARIPOSA

A mi visión se la conoce como la Profecía de la Mariposa, pero profecías parecidas se han producido en diferentes culturas con diversos nombres. Estas profecías similares comparten tres mensajes principales. Primero, que la Abuela Tierra está en proceso de equilibrar la destrucción ecológica causada por los humanos. Segundo, que ha llegado el momento de que aquellos que han sido elegidos para salvaguardar la sabiduría tradicional tiendan puentes entre las naciones y compartan su sabiduría indígena con el fin de ayudar a sanar y elevar la vibración de la humanidad. Tercero, que mucha gente, de numerosas naciones y razas, reconocerá estas antiguas enseñanzas indígenas y formará parte de la curación para ayudar a la humanidad a cruzar el umbral hacia esta nueva era de conexión espiritual más profunda con nuestros semejantes y con la Madre Tierra.

A las personas de las que habla la tercera parte de la Profecía de la Mariposa se las conoce como *semillas estelares*, seres que han sido plantados aquí y tienen un conocimiento inherente del fluir espiritual terrenal y celestial. Las semillas estelares sentirán que el latido del corazón de la Madre Tierra palpita en su pecho al leer las palabras extrañamente familiares de la profecía.

Nos dirigimos directamente a ti. Este libro no está en tus manos por accidente; tú mismo has invocado estas enseñanzas.

EL PENSAMIENTO INDÍGENA

El pensamiento indígena es la filosofía de la vida indígena tradicional, al servicio del Gran Misterio que ayuda a elevar la vibración del amor en la Madre Tierra. Somos gente normal y corriente, nada más. Como autores nativos americanos, prometemos solemnemente a nuestros ancianos que no revelaremos nada acerca de los caminos de las sociedades secretas indígenas, de las enseñanzas esotéricas altamente custodiadas o de nuestras ceremonias sagradas. Tan solo compartiremos aquello que se nos haya ordenado compartir: historias, analogías, metáforas, lecciones y experiencias personales indígenas, como medio para ayudar al lector a reconectar con su propio sentido natural de la espiritualidad indígena.

La espiritualidad indígena es importante en el mundo actual porque este vasto conocimiento ancestral podría ayudarnos a resolver muchos problemas modernos. Una de las razones por las que en la actualidad tenemos problemas para los que no parecemos disponer de soluciones adecuadas es que, a medida que la humanidad ha ido evolucionando, las tecnologías nos han ido separando del mundo natural. Nos hemos alejado cada vez más de la capacidad de reconocer la fuente de nuestra espiritualidad original y conectar con ella. Ya no pensamos en términos de responsabilidades sociales inmediatas o de consecuencias a largo plazo para nuestros hijos por nacer: pensamos en términos de explotación de las personas y del planeta, con una perspectiva cultural que ha ido degenerando y unas creencias sociales depredadoras. Recuperar el pensamiento indígena nos ayuda a reconectar con nuestro conocimiento espiritual ancestral, encontrar un sentido de equilibrio en nuestra vida cotidiana, vivir en congruencia con el medioambiente, obtener claridad y comprensión de nuestro propósito, potenciar nuestra intuición natural y nuestras habilidades psíquicas, y atraer y permitir todo lo que es genuino y sagrado. En este momento de la historia, tal vez no haya nada más importante para la humanidad y la Madre Tierra que reintroducir los conceptos esenciales del pensamiento indígena en nuestro mundo moderno y nuestra vida cotidiana.

Cada cultura indígena tiene creencias individuales. Lo que une a todas ellas es la filosofía central de vivir en armonía con la manera de obrar de la Madre Tierra y con las leyes naturales del universo. Estos conceptos espirituales básicos son válidos para la mayoría de las sociedades humanas. Por desgracia, tras las innumerables migraciones mundiales de miles de millones de personas a lo largo de numerosas generaciones, un elevado número de seres humanos actuales ha perdido la conexión con los orígenes espirituales de sus antepasados. Aunque esta conexión se ha perdido para la historia, los guías espirituales de estas semillas estelares siguen velando la memoria latente de las tradiciones de la Abuela Tierra y el Abuelo Cielo.

La naturaleza fundamental de nuestra espiritualidad indígena colectiva es lo que nos une a todos como un solo pueblo, y todos podemos estar seguros de que el Creador no exige que nadie nazca nativo americano para que pueda comprender el pensamiento indígena.

APRECIAR, PERO SIN APROPIARSE

Entre apreciar una cultura y tratar de apropiarse de ella solo hay un paso. Apropiarse de una cultura significa emular e imitar la lengua, la música, los diseños, los símbolos, los rituales, las tradiciones, los comportamientos y la forma de vestir distintivos que constituyen los elementos definitorios de un grupo específico de personas y de su patrimonio. Cuando alguien que no forma parte de una tradición específica se apropia de cualquier elemento de esta, está insultando y deshonrando todo el amor y el dolor, las victorias y las derrotas, las alegrías y las penas que disfrutaron y sufrieron los antepasados para lograr esa herencia distintiva y adquirir esa identidad cultural única.

Hablar de la espiritualidad de los nativos americanos es una forma de ayudar a quienes viven en un mundo moderno a conectar con su propia espiritualidad natural; sin embargo, no es una invitación a que adoptes su cultura como propia. Por ejemplo, es tremendamente insultante e ignorante que un equipo deportivo, una escuela, una empresa o un disfraz se apropien de la cultura nativa americana. Llevar el logotipo de un equipo deportivo de nativos americanos o un disfraz de «piel roja» a una fiesta o un penacho con plumas a un festival de música constituye un auténtico acto de racismo. Como ya he dicho anteriormente, es bueno apreciar la cultura nativa americana, pero adoptar su herencia o apropiarse de ella es inaceptable, sean cuales sean las circunstancias o las intenciones.

Lo que sí podemos es honrar y utilizar ciertas enseñanzas, ya que son universales tanto para los nativos como para los que no lo son. Términos como *la Senda Roja*, *de buena manera*,

Aro Sagrado o *medicina* son compartidos por muchas culturas que abarcan miles de años, con solo ligeras variaciones y significados. Estos términos actúan como una especie de taquigrafía que utilizamos para resumir algo que posee un gran significado sin usar muchas palabras. Está bien que empleemos estas palabras en referencia al contexto y las enseñanzas de este libro. Veamos ahora algunos de estos significados para que tengamos una referencia para el resto de nuestro debate sobre el pensamiento indígena.

LA SENDA ROJA

Llega un momento en que muchos alcanzan un punto de su vida en el que se debaten sobre el propósito de su existencia en la Tierra. Han llegado a una encrucijada; es aquí donde descubrirán el comienzo de su *verdadero* viaje: recorrer la Senda Roja. Se dice que quienes nos sentimos llamados a vivir una vida enraizada en la espiritualidad basada en la naturaleza «recorremos la Senda Roja». Esto simplemente significa que tenemos ciertas verdades universales y principios sagrados que nos guían mientras vivimos una vida espiritual. La expresión también tiene significado para quienes utilizan estas verdades universales y principios sagrados con el fin de superar grandes adversidades en su vida, como la falta de vivienda, los malos tratos o el abandono; para quienes luchan valientemente contra las aflicciones morales, la ansiedad o la depresión, o para quienes sufren de adicciones, pero toman cada día la decisión de vivir una vida de sobriedad.

De buena manera

De buena manera es un concepto que se utiliza junto con *recorrer la Senda Roja*. Si *recorrer la Senda Roja* significa que estamos en un camino virtuoso de aprendizaje de verdades universales y virtudes sagradas, *de buena manera* indica que nuestras acciones y comportamientos cotidianos están en consonancia con esas enseñanzas, esa moral y esas virtudes. Estas maneras de actuar son tan profundas como simples, tan poderosas como humildes y tan sagradas como sencillas. Son virtudes vivas que no se pueden comprar, tan solo las vivimos o no las vivimos.

LAS SIETE DIRECCIONES SAGRADAS Y EL SENDERO TRIPLE

El Creador ha trazado muchos caminos hacia la espiritualidad; *La senda del pensamiento indígena* es solo uno de ellos. Independientemente del camino que tomemos, todos acaban enseñándonos nuestra conexión espiritual como creación del Creador, por qué estamos aquí y qué debemos hacer.

El Aro Sagrado de la Vida y las *siete direcciones sagradas* que lo componen nos ayudan a comprender la vida y amplían nuestra comprensión de la creación y del Creador. Las siete direcciones sagradas –Este, Sur, Oeste, Norte, Arriba, Abajo y Centro– son fuerzas poderosas de energía universal que interactúan dinámicamente con todo lo que hay en nuestro entorno y en nuestra conciencia como seres humanos. Todas estas energías, espíritus, fuerzas –da igual cómo las llames–

están en constante movimiento entre sí y con cada ser de la Madre Tierra.

En el último capítulo de este libro, trenzaremos estos hilos del pensamiento indígena en la vida moderna a través de las tres vías relacionadas entre sí que componen el Sendero Triple:

- **El camino de las siete generaciones.** La *vida consciente* es una expresión moderna para referirse a la antigua forma de vivir en armonía con las leyes de la naturaleza y a cómo las elecciones y decisiones personales que tomemos afectarán a las vidas de nuestros parientes nonatos dentro de siete generaciones. La vida consciente también tiene en cuenta a las muchas generaciones que nos han precedido, que nos sirven de ejemplo de lo que hay que hacer y lo que no, para que podamos evitar los errores del pasado y aprender a permitir que la alegría y el éxito nos lleguen más rápidamente.

- **El camino del búfalo.** El *consumo consciente* es como actualmente se denomina la antigua práctica de respetar y honrar a todos los seres de la Madre Tierra. Aprenderemos la práctica de ser intencionados y deliberados con nuestro impacto en la tierra y la belleza de caminar en nuestro viaje vital siendo conscientes de una mentalidad circular. El consumo consciente tiene que ver con nuestro papel de nutrirnos a nosotros mismos y ser administradores de los bienes que están a nuestro cuidado.

- **El camino de la comunidad.** El *impacto colectivo* describe el proceso de encontrar tu verdad y formar parte de una comunidad afín. Aquí hablaremos sobre cómo elevar la conciencia y convertirnos en un ejemplo vivo de la verdad en acción. También aprenderemos acerca del activismo y de cómo arrojar luz sobre los crímenes que se están perpetrando contra nuestra Madre Tierra y nuestros semejantes de todas las naciones.

Aprenderás a vivir una vida que te ayudará a ser más feliz a medida que desarrolles una poderosa conexión con estos caminos espirituales. Hay muchas vías y caminos hacia la espiritualidad. Este camino es tan solo uno de ellos, pero es excelente.

Capítulo 1

EL CREADOR Y EL ARO SAGRADO DE LA VIDA

El Creador tiene muchos nombres –Dios, Jehová, Alá, Yahvé, el Gran Espíritu y muchos más–, pero todos convergen en el concepto universal de una energía divina. Esta energía está íntimamente entretejida en el ser de todo lo que somos y de todo lo que es, de todo lo que ha existido o existirá. Las palabras que utilizamos en lakota para esta energía divina última son Wakȟáŋ Tȟáŋka, o el Creador.

El Creador no es ni masculino ni femenino, sino el equilibrio de todo lo que es masculino y femenino. Más concretamente, el Creador no tiene una identificación o imagen fija, sino que es el punto de armonía y equilibrio de *toda* la energía, incluido el punto de singularidad en el que toda la energía se expresa y es accesible a través de un estado divino de consciencia. **El Creador es la conciencia que permite tanto la existencia de cualquier cosa y de todo como la contemplación de la existencia de cualquier cosa y de todo. El Creador –el**

Gran Espíritu– es todas y cada una de las cosas y el espacio que existe entre ellas, así como la posibilidad y el potencial que estas poseen.

Cada uno de nosotros, como encarnación física de un ser espiritual, es una manifestación plenamente realizada del Creador que elegimos cocrear. Y nuestro propósito en la vida es expresar nuestro yo como la mejor y más elevada versión de esta vida que elegimos.

Puesto que la espiritualidad indígena no es una religión, sino un modo de vida espiritual, no existe el «infierno», ni reglas, ni tampoco condiciones especiales o requisitos para conseguir un pase entre bastidores al «cielo». En nuestra vida física, terrenal, la forma de pensar indígena consiste en que estamos en la Senda Roja, y cuando hemos cruzado al otro lado –de vuelta a nuestra forma plenamente espiritual– estamos en la Senda Azul. Una vez más, las diferentes culturas indígenas emplean diversos términos, pero nosotros honramos a nuestros antepasados con el nombre que utilizan para referirse a la consciencia colectiva de todos los seres: el Gran Espíritu. En términos modernos, el Big Bang es simplemente una teoría para ayudar a los seres humanos a comprender el momento en que el *quantum* (consciencia latente) se volvió autoconsciente. La consciencia colectiva de todos los seres se conoce como el Gran Espíritu, y la consciencia de esa consciencia se conoce como el Gran Misterio. El Gran Espíritu es la red de la vida, y es en él donde se crean todas las cosas y adonde todas volverán. Digamos que es una versión indígena del cielo, pero sin las puertas celestiales ni un portero santo; es, simple y llanamente, «el otro lado». Se admite que se trata de un lugar dichoso, bello y perfecto, pero más allá de eso, es sencillamente un misterio para la mente mortal; nuestra hermosa conexión y relación con el Gran Misterio se aprende a través de las lecciones que nos ofrecen la Abuela Tierra y el Abuelo Cielo. Cuando termina nuestro tiempo en forma física aquí en la Tierra, nuestro cuerpo vuelve a entrar en el círculo de la vida a través de los caminos de la Abuela Tierra y nuestra alma regresa al Gran Misterio a través del reino celestial del Abuelo Cielo.

¿ES REAL EL CREADOR?

Que creamos o no en el Creador carece de importancia, porque el Creador existe en el mismo instante en que nos preguntamos si existe. En el momento en que concebimos algo, se crea. Así pues, en cuanto nos planteamos la pregunta «¿es real el Creador, existe Dios?», el Creador ya existe.

A muchos no les convencerá nuestra descripción escasamente precisa de Dios, del Creador, ni nuestro razonamiento sobre su existencia. Así que vamos a tratar de dar una explicación más lineal y lógica.

El Creador no puede ser explicado con una ecuación física o un teorema matemático. Sin embargo, para quienes necesiten pruebas, estas pueden encontrarse en la cuántica. La física clásica se ocupa de las propiedades y la mecánica del universo, es decir, de las realidades físicas que son el resultado de las partículas y las ondas que existen en el reino físico. No obstante, la física cuántica es la que posee el conocimiento del espacio que existe entre esas partículas y ondas, es decir, lo que no se ve, lo desconocido y lo místico.

Cuando los humanos intentan analizar los conceptos y constructos de cualquier sistema ecológico o natural, aparece una y otra vez una curiosa proporción matemática: la proporción de 1,618:1. Esta relación de diseño de A/B = (A+B) /A = 1,618 se ve por todas partes en la naturaleza, ya sea en la forma de un caparazón de caracol, la trayectoria de un electrón, el cuerno de un búfalo o la división y multiplicidad de las células. Y no solo se encuentra en los sistemas naturales, sino también a lo largo de la historia antropológica de nuestros antepasados. Los pueblos egipcio, azteca, olmeca, maya e inca utilizaron la proporción de 1,618:1 para las dimensiones de sus pirámides y otras estructuras sagradas. Los académicos actuales no saben si estas antiguas culturas indígenas llegaron a comprender este orden oculto gracias a su relación con el mundo natural que las rodeaba y su inteligencia espiritual, si se lo enseñó la Gente de las Estrellas o si les llegó a través de una revelación de la logia de los Seres Sagrados o por alguna otra vía. No obstante, sabemos que este diseño se encuentra en todos los reinos espirituales y físicos desde el comienzo de la historia conocida.

Este diseño divino que está presente en toda la naturaleza –esta proporción de 1,618:1– ha recibido muchos nombres a lo largo de la historia: la proporción áurea, pi, la media áurea, la secuencia de Fibonacci y la divina proporción. Y estos son solo algunos de los que conocemos. Los ancianos indígenas nos dicen que algunos conocimientos y fórmulas matemáticas avanzadas son anteriores a su existencia registrada en miles de años, y aun existen más, pero no estarán listos para ser redescubiertos hasta dentro de algún tiempo.

En la naturaleza subyace este diseño matemático de 1,618, como una insinuación o un guiño del Creador. Inherente a su definición, un «diseño» implica que hay un «Diseñador» o que alguien o algo creó y codificó este diseño en los sistemas naturales del universo. El diseño divino de 1,618 es una huella que se ha dejado como prueba de que el Creador es real. Así que ese «Diseñador», independientemente de cómo lo concibas, es el Creador.

En nuestro mundo lineal y lógico, muchos necesitan ver algo para creerlo, pero en el caso de los que recorren un camino espiritual, a menudo suele ser al revés: es necesario creer en algo para verlo. A mucha gente le aterra dejar que la fe tome la iniciativa, y nunca llegan a vivir aquello que tanto necesitan. Las mentes analíticas y autoritarias del mundo buscan desesperadamente instituir el orden y el control sobre cualquier signo de caos salvaje y divino. Por eso, sin una sólida fe en el camino que hemos elegido y sin creer en nuestro viaje, nos sentiremos desprotegidos y vulnerables, y con una gran necesidad de recuperar la sensación personal de seguridad, control y previsibilidad en nuestras vidas.

Aunque a nivel intelectual sepamos que en este mundo cualquier garantía de seguridad, control y previsibilidad es una ilusión, nuestra capacidad para ignorarlo –nuestra disonancia cognitiva– nos ayuda a dormir por las noches y a no volvernos totalmente locos. El problema es que, sin fe en nuestro sentido natural de la espiritualidad –no en la versión de otros, sino en la nuestra–, esa misma disonancia cognitiva que nos ayuda a desenvolvernos en la vida acabará manifestándose como depresión y ansiedad, con el consiguiente sufrimiento y otras consecuencias peores. Intentar continuamente crear reglas y construir muros en torno a la espiritualidad y aplicarle fórmulas y teorías es como tratar de buscar un rincón seguro en una habitación redonda.

Los seres humanos espiritualmente desconectados intentan estructurar al Creador en modelos y narrativas, que a menudo favorecen los intereses políticos y financieros egoístas. Las industrias y las organizaciones –específicamente la política, la ciencia y la religión– intentan organizar al Creador en sistemas, procesos, normas de obligado cumplimiento y recompensas y castigos para hacernos creer que la seguridad personal, el control y la previsibilidad residen en su manera particular de entender la salvación.

Pero el mundo ya está organizado naturalmente de una forma sagrada que no tiene nada que ver con las opiniones y suposiciones de las empresas de estos sujetos, sus departamentos gubernamentales o sus organizaciones religiosas. La organización natural de lo espiritual surgirá cuando ascendamos a nuestro sentido natural de espiritualidad indígena. La proporción divina de 1,618:1 y otras geometrías sagradas son la lengua indígena del universo cuántico. Y si escuchamos al universo, nos guiará en un viaje de espiritualidad en el que descubriremos que nosotros también tenemos un diseño original y encajamos de forma natural en las relaciones divinas y los papeles sagrados establecidos por el Creador.

Ahora debemos centrarnos en el elefante rosa de la habitación: la religión.

La religión organizada ha dominado nuestra relación espiritual individual con la Madre Tierra durante los últimos milenios. En esencia, las religiones han absorbido nuestro sentido natural de la espiritualidad. Y aunque los líderes religiosos nos hacen creer que quieren que tengamos una relación personal con Dios, la realidad es que crean sistemas y procesos que nos obligan a pasar por ellos y su credo particular como intermediarios de nuestra salvación espiritual.

No es que toda religión sea mala. De hecho, siempre que nos reunimos y rezamos, estamos actuando en consonancia con los principios universales naturales de conexión con el Espíritu a través de la comunidad y la gratitud. Y, por supuesto, si una religión organizada nos aporta una profunda sensación de paz, consuelo y conexión con Dios, no hay necesidad de abandonar esa doctrina de creencia para poder adoptar también el pensamiento indígena. Pero cuando nos sentimos lo suficientemente cómodos como para alejarnos del dogma religioso, podemos experimentar en nuestro ser la presencia del Creador, incluso sin la pompa, el castigo, las normas y la doctrina de la fe obediente que con tanta frecuencia forman parte de la religión organizada.

Somos seres espirituales en forma física: ya sabemos cómo conectar con el Espíritu; solo necesitamos *recordar* lo que desde siempre hemos sabido, y para ello hemos de aprender de nuevo a pensar como nuestros antepasados indígenas. Y lo primero que debemos comprender es el movimiento sagrado en el que toda vida tiene un lugar y una parte: el Aro Sagrado de la Vida.

EL ARO SAGRADO DE LA VIDA

Sabemos por la ciencia y por el Espíritu que todo está hecho de energía y que esta es siempre energía potencial. No podemos crearla ni tampoco destruirla, pues simplemente se transmuta de una forma en otra. Asimismo, se dice que la energía actúa como luz hasta que se observa, y entonces se experimenta como materia, o, en otras palabras, que si cambiamos nuestra intención, podemos cambiar la firma energética de aquello que observamos. Los nativos hablan de la conexión entre espiritualidad y energía mediante la historia del Aro Sagrado de la Vida, porque esta nos revela nuestra relación espiritual con el universo. La vida humana, como toda la energía, es un viaje continuo a través de una puerta tras otra, en un continuo movimiento sagrado en espiral. La relación que los seres conscientes de sí mismos mantienen con el movimiento de esta energía divina se conoce como el Aro Sagrado de la Vida.

El Aro Sagrado también representa el movimiento sagrado de todas las cosas que forman parte de la red cuántica de la consciencia. Suena complicado, pero es muy sencillo. Imagínatelo de este modo: **un aro se crea siempre que dos elementos se conectan para formar una relación. Puede tratarse de dos personas, dos átomos o dos fuerzas de la naturaleza: cada vez que dos o más entidades comparten un espacio, se**

forma un aro, y las leyes sagradas del círculo infinito establecen la relación de ese aro.

Toda la vida no es más que un fractal de círculos concéntricos multidimensionales en constante expansión dentro de círculos, que se colapsan y reproducen en la historia interminable del nacimiento y el renacimiento. En el centro del Aro Sagrado de la Vida está nuestro yo distinto y único. Cada uno de nosotros es un punto de singularidad, el centro literal de nuestro universo, como una extensión del Creador inmortal que se expresa como una creación humana mortal en la forma de cada individuo.

Desde el centro, en nuestra propia singularidad personal, fluye cada una de las cuatro direcciones cardinales, y también somos ese punto de conexión donde la tierra se une al cielo. Juntas, estas poderosas fuerzas de energía universal constituyen las siete direcciones sagradas: Este, Sur, Oeste, Norte, Arriba, Abajo y Centro. Cada uno de nosotros es un espacio sagrado a través del cual fluye cada parte del universo para ofrecerse a la reflexión y proporcionar respuestas, perspectiva y sentido a nuestras vidas.

Como instrumento sagrado de la creación –como el hueso hueco de un águila– sostenemos este espacio en el que lo de arriba se funde con lo de abajo y las direcciones sagradas se cruzan y pasan unas a través de otras. Somos el espacio que ocupa ese centro: el ojo del huracán. Mantener el espacio para esta armonía de energías universales –este Aro Sagrado de la Vida– requiere consciencia, vigilancia y práctica. Y esto lo logramos recorriendo la senda del pensamiento indígena.

De repente me hallaba en la cima de la montaña más alta y, a mi alrededor, debajo de mí, podía contemplar el aro del mundo en su totalidad. Mientras permanecía allí vi más de lo que puedo contar y comprendí más de lo que vi; pues veía de un modo sagrado las formas de todas las cosas en el Espíritu y la forma de todas las formas tal como deben vivir juntas como un solo ser. Y vi que el Aro Sagrado de mi pueblo era uno de los muchos que formaban un círculo, amplio como la luz del día y como la luz de las estrellas, y en el centro crecía un poderoso árbol floreciente para cobijar a todos los hijos de una madre y un padre. Y vi que era sagrado.

—HEȞÁKA SÁPA (ALCE NEGRO)

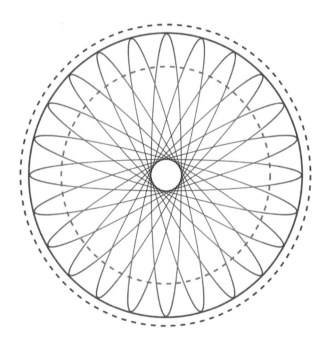

En nuestro periplo vital, construimos nuestros aros sagrados, y estos se unen a otros aros sagrados, y juntos forman una esfera. La esfera es una forma divina que ocupa espacio en tres dimensiones, aunque su medida –pi– es infinita. La esfera es la forma original del Creador, que mantiene el espacio para todas las demás formas de la creación.

El Aro Sagrado nos conecta con esa esfera, el Todo. Nada de lo que hacemos en la vida afecta únicamente a aquello concreto que estamos haciendo. Cada acción que realizamos crea una serie de reacciones en cascada que continúan mucho más allá de nuestra capacidad de percibirlas y pueden tener graves repercusiones que no somos capaces de predecir.

Esta comprensión común del Aro Sagrado de la Vida nos permite ampliar y explorar el conocimiento indígena ancestral del nacimiento y renacimiento sagrados de toda la energía del universo.

MITÁKUYE OYÁS'IŊ

Mitákuye Oyás'iŋ es una frase indígena lakota que significa 'todos estamos unidos' y 'todo está conectado'. Hay varias formas de pronunciarla, según las circunstancias, pero la versión informal aceptada se pronuncia «mi-tak-iu-yei oy-yuu-sen». Esta frase se refiere a esa conexión entre aros y esferas, a que todo, lo visible y lo invisible, está interconectado e intrínsecamente relacionado. No solo los seres humanos, sino la totalidad de las cosas.

Mitákuye Oyás'iŋ: *todos* estamos unidos y *todos* estamos interconectados, *todos*: los de dos piernas, los de cuatro, los nadadores, los reptantes, los alados, los arbóreos y los que echan raíces, los de piedra y minerales, los elementales..., todos. Esto incluye también los bosques, los ríos, los océanos, las praderas, los desiertos, las montañas y los valles..., todo. *Mitákuye Oyás'iŋ* es una plegaria de armonía para todas las formas de medicina, espíritu y vida.

En esencia, la mejor manera de abordar *Mitákuye Oyás'iŋ* es simplemente ser amables los unos con los otros. Siempre podemos adaptarnos según se desarrollen los acontecimientos entre nosotros, pero nuestro primer punto de compromiso con los demás debería ser siempre ser amables unos con otros, porque nosotros también *somos* los demás y todos compartimos la misma madre: la Madre Tierra. Ella es nuestra conexión mutua y la encarnación de la amabilidad. La amabilidad es el valor espiritual inherente a quienes recorren la senda del pensamiento indígena.

MEDICINA

Hay muchos malentendidos y desinformación sobre la palabra *medicina*, tal como la enseñan y utilizan indebidamente los falsos chamanes, los gurús de la Nueva Era y los farsantes. Y, para que quede claro, no nos referimos al uso indebido que la industria farmacéutica hace de esta palabra.

La medicina es **esencia**, y la esencia es la característica más distintiva y concentrada de algo. Cada elemento específico de este mundo tiene una energía natural, y la energía natural adopta formas positivas y negativas, así como masculinas y femeninas. La esencia se crea cuando se forman vínculos y se libera cuando estos se rompen. Los vínculos pueden adoptar la forma de relaciones, ideas, moléculas o cualquier variedad de casos en los que los elementos se unen o se separan.

Cuando dos cosas buenas se unen, la esencia que se crea es la buena medicina, y es la base del amor, la salud y la curación. La buena medicina es todo aquello que promueva la curación, el bienestar y el amor, y puede ser tan simple como sonreír a alguien que lo necesite (incluso sonreírnos a nosotros mismos en el espejo). También nuestros errores pueden ser medicina, porque si aprendemos de ellos, podremos enseñar a los demás las lecciones que aprendimos de nuestras equivocaciones, y ayudar a otros es buena medicina. Una buena medicina es pasar tiempo con un buen amigo o una mascota, pasear por la naturaleza, nadar, hacer el amor, reír, disfrutar de una buena comida o tener buenos pensamientos y deseos para alguien. Las moléculas constituyen otro ejemplo de buena medicina. Una molécula de hidrógeno por sí misma tiene características distintivas, al igual que una molécula de oxígeno; sin embargo, cuando estas moléculas se unen en una secuencia determinada, crean una medicina que permite que exista toda la vida: el H_2O o agua. La buena medicina es la esencia que se crea cuando al menos dos cosas se unen y dan lugar a algo bueno y positivo.

Cuando dos elementos malos se unen o se separan, la esencia que se crea o se libera es la medicina mala, que es la fuente de la ira, el dolor y el sufrimiento. Por ejemplo, se crea mala medicina cuando dos seres con necesidades negativas se unen y forjan una relación abusiva, como cuando dos personas muy codependientes forman una relación que da lugar a la incapacitación y al abuso. Los vínculos pueden romperse con mala intención y liberar mala medicina, como cuando los gobiernos dividen el átomo para utilizarlo en armas de exterminio masivo o cuando los padres se separan y utilizan a sus hijos para infligirse dolor y sufrimiento mutuamente.

Luego está la cuestión de qué ocurre cuando se unen algo bueno y algo malo. Cuando lo bueno y lo malo se juntan –como ocurre a menudo–, la esencia se desequilibra y se desalinea. La razón por la que algo bueno y algo malo se atraen mutuamente es que a cada uno le falta lo que la otra mitad desea. Quizá uno de los dos tenga necesidad de controlar y el otro quiera ser controlado. O tal vez algo ofrezca cierto tipo de seguridad o atención y lo otro necesite cierto tipo de seguridad o atención. Una persona que ha sufrido abusos sexuales en el pasado puede encontrarse en una relación con alguien que tal vez no le convenga o no la haga feliz, pero que tiene la capacidad física de proteger y proporcionar cierta sensación de control y seguridad. Cuando sentimos un vacío, buscamos cómo llenarlo. Si una energía positiva y otra negativa se unen, se crea un vínculo débil e inestable; sin embargo, la ruptura inevitable de ese vínculo puede ser explosiva. La forma de curar el vacío consiste en trabajar para reconectar nuestro espíritu con el antiguo conocimiento de que cada uno de nosotros ya es perfecto, íntegro y completo tal como es.

Ahora que poseemos una comprensión básica de la medicina indígena, podemos hablar del Espíritu.

ESPÍRITU

El Espíritu es la encarnación colectiva de varias medicinas que actúan al unísono, creando una entidad o entorno espiritual distinto. Imagina una masa acuática formada por innumerables moléculas de agua. Puede tener la forma de un océano, un río, un lago o un charco. El Espíritu es el resultado de toda la medicina que esa masa sostiene, nutre y alberga. Si hablamos del espíritu de un río, nos referimos al ser colectivo que es la combinación total de la medicina de los microbios que pululan por el lecho del río rico en nutrientes, la medicina de los insectos que se aferran a la parte inferior de las piedras del río, la medicina de las plantas acuáticas que absorben dióxido de carbono y desprenden oxígeno como regalo para otros seres y la medicina de todos los castores, peces, ranas y tortugas que alberga el agua sagrada. La medicina colectiva de todos esos seres que viven en armonía unos con otros en ese espacio se llama Espíritu. Del mismo modo, las medicinas colectivas que componen un bosque son el espíritu de ese bosque, las medicinas colectivas que componen una tribu de personas son el espíritu de esa tribu, las medicinas colectivas que componen una montaña son el espíritu de esa montaña, y así sucesivamente.

El Espíritu es la armonía y la organización naturales de la Abuela Tierra, y cuando perturbamos esta armonía natural, creamos sufrimiento y desequilibrio. Cuando necesitamos una fuente abundante de energía como sociedad, la tomamos de un recurso limitado de energía muerta, como el petróleo o el gas. Entonces creamos sufrimiento y desequilibrio que, con el tiempo, dan lugar a una espiral de diversos desastres y trastornos físicos. La construcción de presas detiene las rutas migratorias de nuestros parientes, los salmones, provocando casos en cascada de sufrimiento y desequilibrio en múltiples ecosistemas. La creación de sufrimiento y desequilibrio suele ser el resultado de la ignorancia y la obra de los infectados por la enfermedad de la corrupción y la codicia.

Si empezamos a conectar con cada una de las siete direcciones sagradas del Aro Sagrado, ayudaremos a devolver la armonía y el equilibrio a los caminos espirituales de la Abuela Tierra.

LA SENDA DEL PENSAMIENTO INDÍGENA

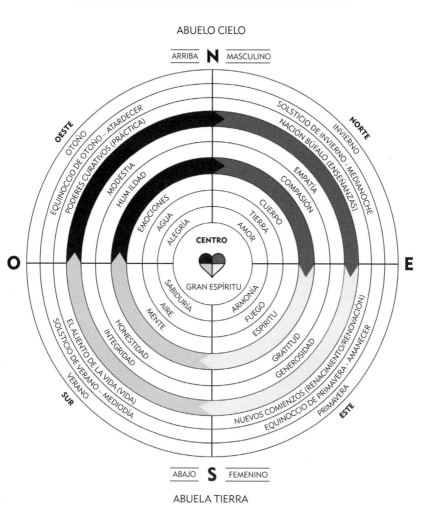

Capítulo 2

WIYÓHIŊYAŊPATA – ESTE
Nuevos comienzos

He aquí, hermanos míos, que ha llegado la primavera;
la tierra ha recibido los abrazos del sol
¡y pronto veremos los resultados de ese amor!
Todas las semillas han despertado y también toda la vida animal.
A través de este poder misterioso nosotros
también tenemos nuestro ser
y por ello cedemos a nuestros prójimos, incluso
a nuestros prójimos animales
el mismo derecho que nosotros a habitar esta tierra.

—TȞATȞÁŊKA ÍYOTAKE (TORO SENTADO)

PRIMAVERA

A medida que la vida gira en torno a la rueda de la medicina, empiezan a aparecer señales y los Seres del Trueno despiertan a la tierra, alertando a todos los seres para que se despierten y vuelvan a empezar. Nuestros parientes ciervos y alces pierden la cornamenta, y los viejos osos dejan claras huellas de sus patas en las orillas de los ríos y lagos, como señales sutiles de que el movimiento sagrado de todas las cosas está cambiando hacia una nueva estación. En primavera, llegan los truenos y relámpagos con su inconfundible mensaje de que estemos atentos, pues la Abuela Tierra está renovando la ceremonia de la vida.

Para nosotros, los humanos, estos meses son un espacio para la regeneración, el reequilibrio y el renacimiento. En esencia, este tiempo es terreno fértil para nuevos comienzos. Esto es más que un sentimiento hermoso, porque, si somos capaces de aprender a sentir intuitivamente los cambios en las energías renovadoras naturales de esta estación y empezamos a vivir alineados con los movimientos sagrados de la tierra y la luna, el poder de estos acontecimientos estacionales y celestes nos insuflará nueva vida de una manera intensa y profunda.

Estamos en una época en la que gran parte de la población mundial ha involucionado espiritualmente y ha perdido la conexión con sus sentidos estacionales y celestes. Afortunadamente, no es difícil reconstruir nuestra relación con los caminos de la tierra y las estrellas. El recuerdo de estos caminos forma parte de nuestra memoria sanguínea ancestral. Cuando aprendemos a sumergirnos en el ritmo de nuestra espiritualidad natural, podemos sentir la influencia que la luna ejerce sobre nosotros y nos volvemos muy conscientes de nuestra relación terrenal con el poder del sol. Tal vez hayamos olvidado la letra de nuestra canción original, pero podemos tararearla hasta que empecemos a recordar de nuevo.

Este tiempo de renacimiento y renovación viene acompañado de una señal de la fuente más poderosa y directa de energía elemental: el sol. El sol es el portador de la luz, y todo lo que nace de la luz comienza en el Este. Esta es la dirección sagrada en la que saludamos al sol y a la luz de un nuevo día. Cada día nos ofrece la oportunidad de empezar de cero, renovados, de volver a comenzar. Cada mañana, cuando nos despertamos –si decidimos escuchar–, es un recordatorio del Creador para que no olvidemos el privilegio que se nos concedió de despertarnos. Es una llamada para que nos levantemos y nos preparemos, para que nos honremos a nosotros mismos y salgamos al mundo, para que conectemos con la Madre Tierra y con los corazones de otros seres, para que inspiremos y animemos a quienes se crucen en nuestro camino y, lo más importante, para que disfrutemos de la vida.

El periplo diario del sol por el cielo no es un acontecimiento celeste más, sino una experiencia universal y una poderosa medicina que compartimos la totalidad de los seres de la Tierra. Si la humanidad entera honrara este regalo de un nuevo comienzo cada mañana, con eso bastaría para sanar el mundo. El sol es una de nuestras mayores medicinas: es nuestra esperanza y nuestro dador de vida, lo que nos sana. Por desgracia, la mayoría de la gente no aprecia el sol cada día, pero la forma más rápida de aprender a valorar algo que no apreciamos es perderlo de repente.

Cuando se acerca un eclipse solar en el calendario, es tema de conversación durante toda la semana. Nos apresuramos a buscar unas gafas de cartón y salimos de nuestras escuelas, lugares de trabajo y hogares para contemplar al Padre Cielo y ver cómo la luna devora al sol. Hay «oohs» y «aahs» colectivos cuando el sol desaparece durante unos minutos, ya que este breve acontecimiento nos recuerda nuestra espiritualidad natural y nos reconcilia con nuestro sentido del asombro y nuestra capacidad de maravillarnos.

Pero piénsalo: ¡el sol solo desaparece durante unos minutos! En cambio, ¡cada noche se va durante horas y horas! Imagina cómo sería tener esa misma sensación de asombro y fascinación cuando el sol vuelve cada mañana de nuestras vidas. Necesitamos conectar con ese asombro, con ese sentimiento de gratitud y reverencia *cada día*.

Los momentos de equilibrio celeste nos muestran el idilio de la Tierra con el Sol, del que podemos aprender lecciones de armonía, reciprocidad y equilibrio. Los solsticios nos ofrecen la oportunidad de contemplar los días más largos y cortos del año y nos ayudan a ver que incluso las mayores actividades del sistema solar honran la ley natural de la reciprocidad, en el sentido de que nada está fijo en el espectro del potencial, sino que toda la vida está en constante movimiento a partir de las fuerzas planetarias. Los equinoccios se producen cuando la duración del día y de la noche son iguales, como la pausa casi imperceptible entre la inhalación y la exhalación de los miles de respiraciones que hacemos cada día. Los seres humanos realizamos casi mil respiraciones por hora; los planetas de nuestro sistema solar realizan respiraciones más largas.

Es el espíritu del Este, con su canto que habla de nuevos comienzos y potencial no realizado, el que nos obliga a abrir la puerta y dejar que nuestro espíritu asuma libremente el pasado para avanzar hacia nuevos comienzos.

ELEMENTO: PȞÉTA – FUEGO

Toda la creación fue diseñada para vivir en armonía con el Aro Sagrado de la Vida. El Creador creó las orejas del pueblo conejo como canoas peludas para que tuvieran un oído impecable y alargó sus patas para proporcionarles una gran rapidez y unas maniobras precisas. El pueblo búho fue adornado con galas de plumas para volar más silenciosamente que cualquier otro pariente aviar y ojos extraordinarios capaces de ver a través del oscuro manto de la noche.

Cada ser nació perfecto para su entorno y su papel en la vida de esta tierra. Pero un día el Creador observó que una nación había desarrollado una terrible aflicción. Se trataba de los seres de dos piernas. El Creador descubrió que Iktómi, el espíritu embaucador, se había colado en la dimensión terrenal y una y otra vez susurraba al oído de los humanos dormidos: «¿Qué saco yo de esto? ¿Qué saco yo de esto? ¿Qué saco yo de esto?». Cuando los humanos se despertaron a la mañana siguiente, la pregunta «¿qué saco yo de esto?» estaba grabada a fuego en sus corazones y sus mentes, y ahora tenían un ego, que les envenenaba la sangre con el engaño de la soberbia y la superioridad. Sus egos los hacían capaces de una destrucción inimaginable y también los llenaban de un miedo irracional a cosas que no podían ver ni comprender. Antes de tener ego, eran uno con la naturaleza y parte intrínseca de ella, pero

51

ahora no solo se sentían separados de la naturaleza, sino separados entre sí. El Creador sintió compasión por lo que había ocurrido, se apiadó de los seres de dos piernas y les concedió cuatro dones elementales lo bastante poderosos como para ayudarlos a compensar la tragedia y la carga de sus egos: fuego, agua, aire y tierra.

El elemento del Este es el fuego. Desde el momento en que recibimos el don del fuego, su calor y su luz se convirtieron en el centro de nuestras vidas. Hemos rezado y compartido comidas alrededor de una hoguera, hemos contado cuentos y enseñado lecciones, hemos celebrado nuestras victorias y lamentado nuestras derrotas, hemos narrado nuestras historias de nacimiento y renacimiento, y hemos creado significado y recuerdos unos con otros. Alrededor de una hoguera es donde recordamos a los que nos precedieron y nos preguntamos por los que aún están por venir. El fuego representa los principios fundamentales y los elementos que constituyen la humanidad: calor, seguridad, alimentación, familia y comunidad.

El fuego es un extraordinario filósofo. Si un ser humano necesita que su ego se ponga rápidamente en su sitio, dale fuego y deja que le falte al respeto y lo trate con deshonor. El fuego aporta equilibrio al ego humano porque puede darle rápidamente una lección inolvidable sobre la vulnerabilidad de nuestra condición humana. El elemento fuego obliga al ego a someterse, ya que no tiene en cuenta en modo alguno su necesidad de sentirse en control de nuestro entorno o superior a otros seres o a la naturaleza. Cuando trabajamos con fuego, en realidad estamos trabajando con el honor y el respeto, la paradoja universal de la creación y la destrucción, y los temas espirituales del nacimiento y el renacimiento.

La naturaleza misma del fuego es su ciclo perpetuo de transmutación, purificación y renovación. Por eso es el elemento que representa al Este. El comportamiento del fuego, que destruye para crear, nos recuerda lo preciosa y fugaz que es toda vida. Esto nos ayuda a tener presente que todos formamos parte de esto y pertenecemos a algo más grande que nosotros mismos, que nos pertenecemos los unos a los otros. En última instancia, todos caminamos juntos de vuelta a casa, al Gran Misterio.

VIRTUDES INDÍGENAS: GRATITUD Y GENEROSIDAD

La gratitud y la generosidad son virtudes similares, pero se diferencian en que la gratitud es una característica interna y la generosidad es la expresión externa de nuestro sentimiento de gratitud. **Básicamente, la gratitud es cómo nos sentimos y la generosidad es cómo expresamos ese sentimiento en el mundo**. Las enseñanzas espirituales indígenas asocian la gratitud y la generosidad con el Este, debido a esa sensación de destrucción y renacimiento; si nos encontramos en una situación en la que hemos caído al pozo de la desesperación, la mejor manera de salir de ahí es tirar de la cuerda de seguridad y desplegar nuestro sentimiento interno de gratitud, para luego convertir la negatividad en positividad comprometiéndonos inmediatamente con el mundo en un acto de generosidad.

Renovarse, descansar y volver a empezar es la lección que nos ofrece el Este. Profundicemos un poco más en cada una de estas virtudes.

Gratitud

Abordar la vida desde la gratitud constituye la diferencia entre intentar que ocurra algo y permitir que ocurra. Lo que diferencia el esfuerzo de la falta de esfuerzo es la virtud de la gratitud. Vemos citas y memes de sabios y gurús que hablan de gratitud. Pero ¿por qué la gratitud es un concepto tan esencial para la alegría, la satisfacción y el bienestar en nuestra vida? Los ancestros nos dicen que hay dos razones principales. La primera es que es imposible vivir en un estado de miedo y verdadera gratitud al mismo tiempo. La segunda es que la gratitud es la puerta de entrada a la intuición divina, que nos permite guiarnos por nuestra conexión con el Creador.

La gratitud mueve la energía estancada cuando nos sentimos bloqueados. El simple acto de practicar la gratitud altera los pensamientos negativos y cambia nuestra mentalidad para ver el mundo de forma positiva. Cuando vivimos en gratitud, no solo nos volvemos más atractivos para los demás sino que las cosas más normales y corrientes pueden parecernos extraordinarias, con lo que nuestra vida se vuelve más plena y hermosa.

Probablemente hayas oído el viejo dicho: «Las cosas no nos ocurren porque sí, todo sucede por algo». La gratitud es la base de esta frase. Significa que debemos adoptar la mentalidad de que, por regla general, el universo conspira y actúa a nuestro favor. A menudo, cuando nos ocurre algo que percibimos como «malo», dejamos que nos afecte de forma muy negativa. Pero si interactuamos con el mundo desde un estado de agradecimiento, cuando ocurre algo que otros pueden percibir como «malo», simplemente vemos esa experiencia como «interesante». Sentimos curiosidad por entender por qué algo ocurre como ocurre, y al expresar esa curiosidad, buscamos la parte de la experiencia por la que estamos agradecidos. Esa experiencia era nuestro destino, formaba parte de la elección que hicimos al venir a esta vida. Una vez que reconozcamos la lección, las leyes naturales del universo impedirán que este tipo de experiencias sigan produciéndose.

Generosidad

En la cultura nativa americana, la generosidad es una forma de vida, construida sobre el valor comunitario de la igualdad. Sin embargo, en las culturas de origen colonial, la igualdad no es un valor; el valor se encuentra en la propiedad, en la explotación de los recursos con fines lucrativos, en el acaparamiento de la riqueza y en el control del poder sobre los demás. Esto ha hecho que, en muchas partes del mundo, la generosidad no se considere un valor, sino un sacrificio. Para la mentalidad colonial, ser generosos y dar algo a alguien se ve como una pérdida, o quizá como un intercambio, como si nuestro regalo fuera algo que ahora podemos utilizar para dominar a esa persona. En cambio, en las culturas indígenas, vemos nuestra generosidad como un homenaje a nuestro semejante o como una ayuda para curar y aliviar su sufrimiento, ya que nuestro regalo aumentará su dignidad, su felicidad o su alegría.

Nuestros antepasados nos dicen que cuando somos generosos con lo que tenemos, nuestras propias oportunidades aumentan en proporción a nuestro auténtico deseo de ayudar a los demás. La medicina que buscamos para nosotros mismos puede reconocerse en lo que ofrecemos a los demás.

PRÁCTICA ESPIRITUAL: ORACIÓN INTENCIONADA

¿Qué es la oración? Muchas personas se sienten desconectadas de la práctica de la oración, así que empecemos con una visualización.

Imagina el alma como una colmena. La colmena es un diseño prístino de la creación. Alberga una nube de bolas de pelusa negra y amarilla suspendidas en el aire en diversos momentos de llegada y partida. Estos abejorros que entran y salen de la colmena son oraciones. Algunos abejorros salen de la colmena con nuestro deseo de protección, claridad, curación y favor para los demás y para nosotros mismos, y otros abejorros entran en la colmena llevando las oraciones que otras personas y nuestros antepasados nos han enviado.

La oración es la forma en que expresamos la visión que tenemos del bien más elevado y mejor para cualquier ser o experiencia. Podemos rezar por nosotros mismos, por las personas que conocemos, por alguien que vemos de pasada, por cualquier animal, por un bosque o una masa de agua, o por cualquier situación que ocurra en el mundo. Podemos rezar para bendecir el camino y el viaje, de modo que termine con el resultado más elevado y mejor para ese ser o experiencia. Nuestra oración puede ser una reflexión silenciosa, una palabra hablada, una canción o un tipo de ceremonia. Y podemos rezar literalmente por cualquier cosa.

Orar no tiene nada que ver con ser religioso, sino con ser un espíritu con forma humana. No necesitamos ser religiosos para rezar ni para que nuestra oración sea escuchada. La oración es el lenguaje del mundo espiritual y no está ligada al tiempo ni a la distancia. Es posible que una plegaria en un lado del mundo esté actuando en el otro lado en el momento en que se ofrece esa oración.

LA HISTORIA DE LOS ESPÍRITUS TÍO Y SOBRINO

Un joven espíritu y su tío, un espíritu anciano, están sentados en una estrella, observando la Tierra. El anciano le enseña a su joven sobrino a sintonizar con la frecuencia de los seres de dos piernas. De repente, el joven espíritu salta, se lleva las manos al corazón y grita:

—¡Tío! ¡Puedo sentirlos! ¡Puedo sentirlos!

—Muy bien —dice el espíritu anciano—. Ahora mantén esa vibración y deja que tus ojos contemplen libremente su planeta.

El espíritu joven empieza a dar saltitos y a señalar la Tierra.

—¡Puedo ver algo! ¡Puedo ver algo!

El espíritu anciano pregunta:

> –Dime, joven, ¿qué ves?
>
> El joven describe millones de orbes de luz que salen de la atmósfera y flotan en el universo.
>
> –Tío, esos orbes son muy bonitos, pero ¿qué son?
>
> El anciano responde:
>
> –Son las oraciones de la gente.
>
> El joven espíritu observa durante un rato más y luego pregunta:
>
> –Tío, ¿por qué algunos orbes son pequeños y tenues y otros son grandes y brillantes?
>
> El anciano responde:
>
> –Esa es la fe de la gente.
>
> HÁU, MITÁKUYE OYÁS'IŊ

Los momentos en los que más deseamos que nos guíen –«Estoy confuso»; «No sé qué hacer»; «No sé de dónde voy a sacar el dinero»– son aquellos en los que rezamos y se lo entregamos todo al Creador. Esa entrega, por medio de la oración, nos permite percatarnos de que formamos parte de un sistema natural, y ese sistema se encargará de que todo salga bien. Recuerda que el universo es tu *aliado*. Así te darás cuenta de que puedes salir airoso de cualquier situación. El camino de la autorrealización –o de una relación directa con el Creador– puede encontrarse a través de la oración.

Hay muchas formas de conversar con el Creador, ya que esto solo significa estar en contacto con nuestro yo y conversar con él. Podrías utilizar **la oración intencionada** para conectar con el Creador: es una forma sencilla y directa de conectar con la fuente de nuestra espiritualidad. Pero para ello tenemos que conectar profundamente con nuestro ser. Cuando nos sentimos llamados al proceso de «encontrarnos a nosotros mismos», solo tenemos que conectar con nuestro yo auténtico y nuestra naturaleza genuina. No hace falta convertir esto en una actividad misteriosa o esotérica. «Encontrarte a ti mismo» es simplemente hallar claridad entre muchas perspectivas diferentes de quiénes somos de verdad, y lo mejor que puedes hacer por los demás es dar lo mejor de ti. Porque cuando te esfuerces en convertirte en la mejor expresión de ti mismo, ya no tendrás que perseguir las cosas que más deseas, sino que ellas se encargarán de buscarte a ti.

Empieza por conectar con tu verdadera voz. Para ello, simplemente cierra los ojos y los labios, relájate tranquilamente y permanece en silencio contigo mismo, calmando y aquietando el paisaje acuático de tus pensamientos durante uno o dos minutos. Una vez que el agua se haya calmado, di simple e intencionadamente: «Hola». Luego vuelve a hacerlo y quédate con el pensamiento: «¿Quién acaba de decir eso?». Es tu voz de otra dimensión. Esa es la voz que utilizamos para rezar intencionadamente y conectar personalmente con el Creador.

LA PRÁCTICA ESPIRITUAL PARA LA ORACIÓN INTENCIONADA

Cuando rezamos con intención, no nos centramos en *cómo* se responderá a nuestra oración, sino en el *qué* y el *porqué* de esta, porque si nos quedamos pendientes de *cómo* o *cuándo* se responderá a nuestra oración, en realidad nos quedaremos atrapados en situaciones imaginarias de cómo y cuándo nuestro deseo humano quiere que ocurra algo, y no en cómo el Gran Espíritu quiere que suceda para que esté alineado con el Aro Sagrado de la Vida. El Creador no tiene prisa; nosotros sí. Hemos de tener fe y permitir que las leyes divinas del universo nos proporcionen lo que necesitamos para nuestro bien más elevado.

En las primeras frases de la Práctica Espiritual para una Oración Intencionada, estamos invocando a nuestro Abuelo y a nuestra Abuela, que son respectivamente la sabiduría colectiva del cosmos y la compasión curativa de la tierra. Utilizaremos este esquema para conectar nuestra voz genuina con nuestra oración intencionada y repetirla una y otra vez. Cuando empiece a fluir sin esfuerzo, podremos personalizarla y hacerla a nuestra manera. Aquí tienes el esquema básico para una oración intencionada que centre nuestra energía en pedir orientación sobre algún problema:

1. Empieza por invocar a tu consejo de guías espirituales.
    Abuelo, te invoco; necesito tu guía ahora.
    Abuela, te invoco; necesito tu guía ahora.
    Antepasados, os invoco; necesito vuestra guía ahora.
    Creador, te invoco; necesito tu guía ahora.

2. Expresa tu oración en términos sencillos.
    Me enfrento a [INSERTAR EL PROBLEMA] y no sé qué hacer. Os traigo este asunto para que me guieis. Por

favor, bendecid esta oración con claridad, protección y favor para el bien más elevado de todos.

3. Reza por la Madre Tierra.

   Y por favor, bendecid a nuestra Madre Tierra con curación y protección y aliviad el sufrimiento de todos sus hijos.

4. Termina con agradecimiento y evocación.

   Estoy agradecido(a) – Mitákuye Oyás'iŋ

Capítulo 3

ITÓKAGATA – SUR

El aliento de la vida

Escucha el aire. Puedes oírlo, sentirlo, olerlo y saborearlo.
Wóniya Wakȟáŋ –el aire sagrado– que
todo lo renueva con su aliento.
Wóniya, Wóniya Wakȟáŋ –espíritu, vida,
aliento, renovación– significa todo eso.
Wóniya, nos sentamos juntos, sin tocarnos, pero algo está ahí;
lo sentimos entre nosotros, como una presencia.
Una buena forma de empezar a pensar en la naturaleza...
hablar con ella, hablar con los ríos, con los lagos, con los vientos
como a nuestros parientes.

— TȞÁȞČA HUŠTÉ (JOHN FUEGO CIERVO COJO)

VERANO

Un susurro en el aliento de la Madre Tierra recorre el mundo con un mensaje a todos sus hijos de que ha llegado el momento de celebrar la vida. Quienes están conectados espiritualmente con el Aro Sagrado de la Vida pueden sentir la esencia de este aliento. Es fresco y puro, lleno del asombro y la curiosidad de las crías de zorro que saltan y juegan en un campo de flores silvestres. La celebración de este aliento de vida se honra, en numerosos lugares y de diversas formas, mediante ceremonias.

En lakota, la palabra para la ceremonia de la cabaña de sudación es *Inípi*, y significa 'volver a vivir'. La cabaña de sudación propiamente dicha es una pequeña estructura abovedada, hecha de ramas de sauce y pieles o mantas, donde se celebra una antigua ceremonia de purificación espiritual lakota. Esta ceremonia honra toda la vida y es un acto de renovación espiritual. Hay una puerta física para entrar y salir de la cabaña, pero la ceremonia consta de cuatro puertas espirituales alineadas con las cuatro direcciones: Este, Sur, Oeste y Norte.

Por la puerta sur entran desde el mundo espiritual nuestros antepasados, los espíritus elementales y otros guías espirituales. El Sur, y su correspondiente mundo espiritual, está representado por el color blanco. El blanco es la luz que hay en todos nosotros y es un recordatorio de que primero debemos aprender a ver la luz en nosotros mismos antes de poder ver realmente la luz en los demás.

En la cabaña rezamos de varias maneras: a veces en silencio, a veces con palabras y otras cantando. Los pueblos indígenas siempre han conocido el poder de la voz y la importancia de las palabras que elegimos. Una de las mayores lecciones que nos han dado los antepasados es esta: **lo que decimos, lo creamos**. Nuestras palabras son poderosas y pueden tanto curar como destruir; por eso, hemos de ser conscientes de la intención con la que las decimos y utilizar nuestra voz para el bien.

Una voz puede animar a otras muchas a alzarse, y multitud de voces pueden fundirse en una sola y cambiar el mundo. Somos testigos del poder de nuestra voz colectiva cuando vamos a un concierto; sentimos el poder de la banda en el escenario mientras el público, como una marea humana, se mueve en la misma vibración emocional, cantando al unísono y sintiendo el creciente campo de energía de las palabras y la música. Vamos a los conciertos para reunirnos como comunidad y celebrar la vida con otras personas que forman parte del movimiento que creó la música. Incluso en ocasiones el concierto no es tanto una actuación como una ceremonia espiritual, ya que el poder del acontecimiento puede disipar el estrés y la ansiedad que sentimos, revelando una alegría genuina, recordándonos lo que realmente importa y quiénes estamos destinados a ser.

Nuestras almas se sienten atraídas por las celebraciones porque nuestro espíritu indígena anhela celebrar la vida. La sociedad moderna ha creado una especie de equilibrio insano entre la vida laboral y la personal, que es totalmente innecesario. Si somos sinceros con nosotros mismos, la mayoría de los trabajos que hacemos no contribuyen de manera significativa a la esencia de la vida o de la Madre Tierra. Importan en el sentido de que nos proporcionan el sustento y, por supuesto, hay funciones importantes que constituyen la columna vertebral de nuestras comunidades: madres, cuidadores, curanderos, maestros y artistas, y quienes nos proporcionan alimentos y seguridad. Sin embargo, en muchas ocasiones nos vemos atrapados en nuestros trabajos y no nos damos cuenta de que, la mayor parte de las veces, hacemos cosas solo por llenar el tiempo. Estamos tan ocupados, yendo de un lado para otro y realizando una actividad tras otra, que nos olvidamos de respirar y simplemente *ser*.

Hay millones de personas que esperan demasiado para celebrar la vida. Siempre están alejados del Espíritu y en el fondo de su alma sienten, en silencio, una dolorosa y permanente insatisfacción. Es preciso dejar de cometer el error de pensar que tenemos más tiempo del que de verdad tenemos, porque un día será tarde. Estamos vivos en este preciso momento. Celébralo como quieras, de cualquier forma: a lo grande o haciendo algo sencillo. En esa celebración, tómate las cosas con calma y aprecia la belleza de la vida. Haz algo reflexivo, algo estimulante, simplemente hazle saber al universo que sigues aquí, *vivito y coleando*.

ELEMENTO: *ONÍYA* – AIRE

El aire es el aliento de la vida. Es la segunda medicina, el segundo regalo del Creador. Recibimos este regalo, la primera bendición que nos entrega la vida, en el momento en que nacemos, al inhalar nuestro primer aliento. La primera oración que enviamos al mundo es nuestra primera exhalación.

A partir de ese día, y durante todos los días de nuestra existencia, estemos despiertos o dormidos, cada inspiración que tomamos es una bendición y cada espiración es una oración. Cada aliento de vida es una oportunidad para reconciliarnos y volver a conectar con nuestro viaje espiritual. Nunca debemos dar por hecho el don del aire. A diferencia del fuego, el aire no puede controlarse, capturarse ni contenerse. Sin aire, no es posible hacer fuego. Sin viento, el agua de los océanos no puede transmutarse en lluvias que rieguen la tierra. Somos capaces de vivir sin muchas cosas que sustentan la vida durante días, o incluso semanas, pero no podemos vivir ni siquiera un par de minutos sin aire.

El viento es aire en movimiento. Se presenta de diversas formas, desde un susurro hasta una brisa suave, pasando por un vendaval aullante y huracanado. El viento es la fuerza poderosa e invisible que anima el mundo que nos rodea, y nos enseña lecciones de dulzura, fuerza, conciencia y perseverancia. Soplar y enviar nuestro aliento al viento a través de una flauta crea una melodía que puede hacernos llorar o bailar. La brisa suave que, de forma constante y ligera, mece de un lado a otro a un árbol joven fortalece el sistema radicular para que más adelante sea capaz de resistir las tormentas a las que se enfrentará en su vida. Cuando transcurra un tiempo y el otoño dé paso al invierno, el viento arrancará las hojas de ese árbol. Y luego, cuando la primavera se convierta en verano, traerá las lluvias. El viento es la mano invisible del cambio constante, que nos envía el reino de los espíritus.

Tanto el viento como el Sur representan las fuerzas invisibles de nuestro corazón, mente y espíritu. Los ancianos indígenas dicen que el viento significa que se avecina un cambio; un viento fuerte puede ser señal de un gran cambio. Pero nosotros mismos podemos influir en ese cambio convirtiendo el aire en viento, el viento en aliento, el aliento en palabras y utilizando esas palabras para hacer realidad nuestros deseos. Olvidamos, demasiado a menudo, que el elemento del aire y el poder del viento tienen valiosas lecciones y sabiduría que ofrecernos. Y lo único que necesitamos es sentarnos en silencio y seguir nuestra respiración o escuchar lo que el viento tiene que decirnos.

LA HISTORIA DEL TRAMPERO

Hace quinientos años acontecieron grandes cambios para la población indígena de la Isla de la Tortuga. Los territorios orientales habían sido invadidos por extranjeros hostiles provenientes de Europa, y los europeos barrían el Oeste, reclamando y colonizando todo lo que caía bajo sus ojos. Los indígenas de las tierras del lejano Norte tenían escaso contacto con los colonizadores en ese momento, por lo que aún no se habían dado cuenta de la destrucción de la que eran capaces estos extraños recién llegados del otro lado de las grandes aguas.

Un día, un extranjero pálido vestido de pies a cabeza con pieles de animales entró en el campamento de los indígenas con un traductor de una de las naciones del Sur. El traductor concertó una audiencia con el consejo de ancianos, y el extranjero explicó que era un trampero de fama mundial y que había viajado varias lunas para llegar a conocer a estos ancianos. Había oído relatos y leyendas sobre la gran abundancia de recursos de aquellas tierras y quería establecer una ruta comercial para extraer estos recursos y llevarlos a los mercados del Este. El cazador de pieles explicó a los ancianos que los haría muy ricos.

Los ancianos no comprendían el deseo de un humano de vender las bendiciones y los seres de la Madre Tierra para hacer ricos a unos cuantos. El consejo intentó explicarle al trampero que la tierra y los parientes animales de la tierra no pertenecían a nadie. Le dijeron que su consejo actuaba como guardián de la tierra y, como tal, denegaba su petición y le pedía que se marchara.

El trampero ya se había planteado la posibilidad de que los ancianos rechazaran su petición, pero sabía que podía contar con su conocida generosidad y hospitalidad, características de las que los colonizadores solían aprovecharse. Los ancianos accedieron a su petición de atrapar algunos castores para tener pieles que intercambiar por comida y provisiones en su viaje de vuelta a casa. Lo condujeron a un valle en lo profundo de las montañas con tres instrucciones muy concretas: «Caza solo en este valle, toma únicamente lo que necesites para tu viaje y nada más, y márchate antes de la próxima luna llena». El trampero aceptó y dio su palabra.

No tardó en descubrir que los relatos y las leyendas ni siquiera se acercaban a la riqueza de fauna disponible. No solo había en el valle todas las pieles imaginables, sino que los castores se contaban por centenares. Empezó a cazar inmediatamente y lo hacía desde primera hora de la mañana hasta bien entrada la noche. No lograba vaciar las trampas lo bastante rápido antes de que volvieran a llenarse. Ni siquiera podía dormir por la noche, porque los castores no dejaban de golpear el agua con sus colas, pero de vez en cuando encontraba el sueño con una gran sonrisa en la cara, sabiendo las riquezas que se acumulaban gracias a todas las pieles. Mientras se acercaba la hora de su partida el trampero recorría el valle con sus trampas de hierro. Unos días antes de la siguiente luna llena, el consejo de ancianos preguntó por el hombre de piel pálida que habían dejado en el valle. Los exploradores informaron de que el trampero aún no había abandonado el valle ni estaba cerca del único punto por el que se podía entrar y salir. Los ancianos enviaron una banda de guerreros para localizarlo y escoltarlo fuera de su tierra. Lo primero que descubrieron fue que había matado a casi todos los castores de su valle sagrado. Había envuelto sus pieles y las había escondido en las cuevas que se extendían a lo largo de todo el valle, porque eran demasiadas para llevárselas en un solo viaje. Los guerreros encontraron rápidamente el rastro del trampero y aceleraron el paso, porque sabían que les llevaba unos días de ventaja y que debían acortar la distancia rápidamente.

En aquel momento, el trampero, consciente de que los ancianos enviarían pronto guerreros a buscarlo, empezaba a inquietarse. Pero le faltaban solo un par de cientos de pieles de castor más para ser poderoso y rico sin medida. ¿Cómo iba a detenerse estando tan cerca de una fortuna enorme? Mientras yacía despierto en su

lecho, escuchando el golpeteo de las colas de los castores en el agua y calculando cuántas pieles de castor más
necesitaría para conseguirlo, un aullido solitario atrave-
só la noche. Se le erizó el vello de la nuca y salió corrien-
do de la tienda.

Se trataba de un lobo, y el aullido era tan largo que parecía imposible que se tratara de un solo animal. Entonces, un aullido más y luego otro se unieron desde varias
partes del valle... Se dio cuenta de que estaba rodeado.
Levantó el campamento y se marchó inmediatamente. Viajó durante un tiempo, y entonces vio a un par de
miembros de la manada de lobos, que lo obligaron a tomar otra dirección. Un poco más tarde, vio a otros a lo
lejos, lo que lo obligó a cambiar de dirección. Esto duró
todo el día y toda la noche y lo llevó al agotamiento.

En el crepúsculo de su último día, todos los sonidos del
bosque se silenciaron. El trampero oyó un leve crujido
a su alrededor y aparecieron unos ojos brillantes. No
había tiempo para huir. Saltó del caballo y trepó hasta la copa de un álamo. Allí se puso a salvo, pero el fiel
caballo que tenía a su cuidado no, y los lobos tomaron
posiciones alrededor del álamo. El trampero ya se había
enfrentado antes a muchos depredadores diferentes y
estaba decidido a que aquellos lobos no se darían un
festín con él. Se tranquilizó pensando que era un trampero famoso, conocido por dominar las tierras salvajes y
bravías de esta nueva frontera, y se recordó a sí mismo
que las mujeres lo idolatraban, los niños lo llamaban héroe y los hombres inferiores deseaban ser como él. Los

lobos corrían hacia el árbol e intentaban trepar, pero no estaban hechos para ello.

El trampero empezó a burlarse de los lobos diciéndoles que no eran rivales para su grandeza y que debían rendirse y marcharse. Y, al cabo de un par de días, algunos lo hicieron. Los lobos restantes se quedaron y acecharon el árbol, sin permitir que el trampero bajara o huyera.

Al cuarto día, los guerreros llegaron adonde estaba y se situaron en una cresta a poca distancia de la manada de lobos y del trampero, observando. Era una noche de luna llena, y brillaba tanto que se parecía la luz plateada del día iluminando el bosque. De repente, los lobos empezaron a aullar, y a medida que se unía cada lobo, su *crescendo* crecía y el miedo convirtió la sangre del trampero de pieles en agua helada de río. El círculo de lobos aulladores se separó cuando el macho alfa regresó con su pariente, el castor. Se dirigieron al álamo, donde el castor se acercó lentamente a la base del árbol en el que estaba el cazador de pieles. Los lobos rodearon el árbol mientras el castor se ponía manos a la obra. Justo antes de que el árbol empezara a caer, el trampero perdió la esperanza y empezó a llorar. Los guerreros acudieron y ahuyentaron a la manada de lobos, devolvieron al trampero al campamento y se llevaron todas sus pieles. Le dieron comida y le permitieron descansar. Entonces el consejo se reunió con él para hablarle de sus malas acciones y lo desterraron de su territorio. Volvió a casa con una lección y con su vida.

HÁU, MITÁKUYE OYÁS'IŊ

VIRTUDES INDÍGENAS: *WÓOWOTȞAŊLA NA OWÓTȞAŊLA* – HONESTIDAD E INTEGRIDAD

Honestidad e integridad pueden parecer sinónimos; sin embargo, son conceptos muy diferentes. La honestidad es un valor moral interno, mientras que la integridad representa las acciones que realizamos en nuestra vida cotidiana. Los lakota asocian la honestidad y la integridad con el Sur, porque el reino espiritual alcanza su máximo nivel de interacción en nuestra vida cuando estamos más libres del autoengaño y la arrogancia. Esta claridad procede del trabajo personal que realizamos para eliminar los obstáculos que oscurecen nuestro sentido de la honestidad y la integridad.

Este trabajo implica ver y celebrar la vida y comprender quiénes estamos destinados a ser. Significa trabajar con las lecciones de la segunda medicina y requiere situar nuestra mentalidad en una buena posición. Las lecciones que el Sur nos ofrece consisten en observar nuestras intenciones con honestidad y actuar con integridad en nuestra vida cotidiana. Profundicemos en cada uno de estos valores.

Wóowotȟaŋla – Honestidad

Puede que, en algún momento, hayamos prometido algo a alguien para quedar bien, aunque en el fondo sabíamos que no estábamos dispuestos a hacer lo que dijimos. A veces, desacreditamos nuestra honestidad conscientemente, pero otras veces nos saboteamos de forma inconsciente. Esto puede dar lugar a situaciones tan graves como traicionar el amor o la confianza de alguien o incluso poner a la gente en peligro; o bien a situaciones insignificantes, como decir pequeñas mentiras piadosas. En cualquier caso, la deshonestidad es inútil y desastrosa en muchos sentidos, y hasta la más pequeña de las mentiras nos impedirá avanzar en nuestro camino espiritual. Además, ser honesto simplemente nos ahorra a todos mucho tiempo. Pero debemos examinar nuestro sentido de la honestidad –o el de otros– con mucho cuidado, porque ser cien por cien honesto implica ser brutalmente sincero, y quizá no estemos preparados para eso.

La honestidad es un valor interno, y requiere un enorme esfuerzo eliminar todas las mentiras, excusas e historias que nos contamos a nosotros mismos con el fin de no vernos inadecuados, insignificantes o vulnerables, y evitar rendir cuentas ante nosotros mismos y ante los demás. No es fácil; sin embargo, jamás lograremos vernos a nosotros mismos con toda claridad si no nos esforzamos por ser verdaderamente honestos. A la mayoría nos encanta el concepto de honestidad total, hasta que llega el momento de ser completamente honestos con nosotros mismos. Pero este nivel de honestidad total es el paso más significativo que podemos dar en nuestro viaje hacia la autorrealización: el punto en el que vivimos a la altura de nuestro potencial a través de los principios universales de armonía, sabiduría, alegría y amor.

En ocasiones, ser sincero contigo mismo puede ser doloroso, pero cuanto más lo evites, más persistirán tus problemas y más se desbocarán. La mejor manera de empezar a ser honesto es la sencilla práctica de admitir tus errores; cuando cometes un error primero tienes que admitirlo ante ti mismo. Admitir que te has equivocado puede parecer fácil, pero no lo es. A lo largo de nuestras vidas, aprendimos a construir una armadura alrededor de todas esas pequeñas partes dañadas de nosotros mismos que nos avergüenzan y nos hacen débiles y vulnerables a la presión de la sociedad moderna y de las personas que la integran. Tenemos que superar esa tendencia y seguir el pensamiento indígena y recorrer de buena manera la Senda Roja. Esto nos ayudará a pensar y actuar con verdadera honestidad en nuestras vidas.

Owóthaŋla – Integridad

Tener integridad significa simplemente comunicar con claridad lo que vamos a hacer y luego hacer lo que decimos. Si actuamos sistemáticamente con integridad, causaremos admiración y los demás confiarán en nosotros. Si actuamos sin integridad –si rompemos nuestras promesas o faltamos a nuestra palabra–, nadie nos respetará ni se fiará de nosotros. Es así de sencillo. Cuando arrugas un papel perfecto, por mucho que intentes suavizar las arrugas, nunca volverá a quedar perfectamente liso. La integridad funciona de forma muy parecida.

En tiempos de nuestros antepasados, la integridad era imprescindible porque, en ocasiones, si decías que ibas a ayudar a hacer algo, a construirlo, a traerlo, o a estar en algún sitio, tu integridad podía ser, literalmente, cuestión de vida o muerte. Tu palabra te obligaba y era esencial para la salud y el bienestar de la sociedad indígena. Tal vez en el mundo moderno no haya tanto en juego; sin embargo, la integridad sigue siendo el valor principal que define nuestro carácter y la forma en que hemos elegido aparecer en el mundo. No podemos decidir si somos íntegros o no, y tampoco es algo que podamos declarar sin más; solo quienes nos conocen pueden afirmar que lo somos.

En lo que respecta a tener o no tener integridad, no hay medias tintas. Puede costar toda una vida construirla y un abrir y cerrar de ojos perderla. En lo referente a la integridad, dicen los antiguos que debemos vivir de tal manera que si alguien habla mal de nosotros, nadie lo crea.

PRÁCTICA ESPIRITUAL: *TȞAWÁČHIŊ* – MENTE

El Sur nos envía un mensaje al viento para que celebremos la vida, pues hacerlo nos ayudará a mantenernos en nuestra senda del pensamiento indígena y a llevar una vida espiritual. Pero también hay que reconocer que para mucha gente «celebrar la vida» podría ser un concepto muy poco realista. Hay momentos, en la vida de cualquiera de nosotros, en los que parece que todo se desmorona y nos cuesta encontrar algo que queramos celebrar. Muchos viven en un estado constante de ansiedad y sufrimiento, y viven así porque la sociedad alimenta sus mentes con una dieta constante de pensamientos de miedo y escasez. Su peor enemigo es el constante diálogo interno que tiene lugar entre sus dos orejas; sienten que nunca tienen suficiente de nada (autoestima, confianza en sí mismos, buena salud, oportunidades, dinero, etc.) y viven con temor a innumerables situaciones imaginarias que podrían ocurrir.

Esos pensamientos se manifiestan como temas recurrentes a lo largo de sus vidas. Pasan su tiempo en esta tierra lamentándose de su pasado, para justificar desesperadamente su condición actual y con miedo al futuro. Nunca alcanzan un nivel significativo de alegría, satisfacción o éxito duradero. Van a la deriva entre episodios de apatía, oleadas de ansiedad y la búsqueda intermitente de algún tipo de sentido. Es posible que vivir en estas condiciones no sea ni bueno ni malo, que estas sean las lecciones que has venido a aprender en esta vida. Pero, como hemos dicho antes, si las *aprendes*, podrás dejar de enfrentarte una y otra vez a ellas.

Si conseguimos apartarnos del miedo, nos sentiremos abundantemente satisfechos con lo que tenemos –sea lo que sea– y seremos capaces de celebrar la vida. Quienes han conseguido hacerlo operan al nivel de un guerrero espiritual diligente. Eso sí, no se pasan todos los días deslizándose por un arcoíris y retozando con unicornios, aunque, por lo general, disfrutan de una calidad de vida superior a la media. Los guerreros espirituales suelen ser exploradores intrépidos, pioneros, exploradores del camino, maestros, líderes del pensamiento y creadores. Buscan una vida plena –una vida de pasión, propósito y trabajo divino– y a menudo tienen un mensaje que late en su interior y que necesitan transmitir al mundo.

¿Por qué son así? Por *cómo* piensan. Tienen una pasión que los arrastra y que los lleva a alcanzar niveles avanzados de espiritualidad. Estos guerreros espirituales se sienten impulsados a servir a la humanidad con sus talentos, sus dones y sus mensajes al mundo. Todos hemos conocido a gente así, y nos damos cuenta de que sencillamente son *diferentes*... pero *¿por qué?*

Por su forma de ver la vida y de verse a sí mismos *en* el mundo. Se trata de su mentalidad, que les hace ser conscientes del modo en que creamos nuestra propia realidad. Sin una mentalidad desarrollada, creamos nuestra realidad *inconscientemente*, y luego, cuando sufrimos y experimentamos dificultades, no sabemos por qué. Recuerda que, sean cuales sean las circunstancias, basta una sola decisión para empezar a vivir de una manera radicalmente distinta; solo tenemos que *tomar* esa decisión, que puede ser tan sencilla como adoptar una mentalidad totalmente nueva, que cambie de manera radical nuestras perspectivas.

He aquí algunas cosas básicas que podemos dejar de hacer y que repercutirán inmediatamente en nuestra vida de forma positiva:

- Deja de juzgar a los demás y de juzgarte.
- Deja de criticar a los demás y de criticarte.
- Deja de compararte con otros.
- Deja de responsabilizarte de los problemas de los demás.
- Deja de vivir tu vida intentando agradar a los demás.
- Deja de ser deshonesto contigo mismo y con los demás.
- DEJA de vivir la vida como si lo fueras a hacer «algún día», porque no tienes tanto tiempo como crees.

La procrastinación puede ser nuestro peor enemigo. Nos decimos a nosotros mismos que vamos a hacer algo que sabemos que tenemos que hacer, pero no lo hacemos, y sabíamos desde el principio que en realidad no íbamos a sacar tiempo para hacerlo.

Básicamente, procrastinar es tener una falta de integridad con uno mismo. Siempre hay otros factores en juego, como el agotamiento al final del día y el daño emocional al que nos sometemos con la ira y los pensamientos de inadecuación, pero todos ellos alimentan la procrastinación. Tienes que tomar esa decisión... y luego hacerlo. Una poderosa solución para superar este hábito es una antigua práctica que procede del Sur, del elemento aire y del segundo regalo del Creador: nuestra respiración.

Nuestra respiración es el lugar de nacimiento de la intención, y nuestra intención es la base de nuestra mentalidad. Se han ganado y perdido grandes batallas en la mente antes de que un solo guerrero pisara el campo de batalla. El éxito o el fracaso se deciden en la mente antes de que se ponga en marcha una empresa. El amor duradero y el desamor abyecto se determinan en nuestra mente antes de que la fidelidad construya su nido en el espacio de nuestro corazón. Cuando se habla de espiritualidad y trabajo respiratorio, lo primero que suele venir a la mente es la meditación. La práctica de meditación tradicional adopta una visión disociativa y observacional de nuestros pensamientos y acciones, pero eso no es lo que necesitamos si queremos celebrar la vida. Nuestra intención no es desconectarnos de estas cosas; más bien, se trata de conectar vibrantemente con nuestra mente, cuerpo y espíritu para convocar energía a voluntad. Lo que queremos es agudizar nuestros sentidos para implicarnos en el mundo con la mejor y más elevada versión de lo que somos y de aquello en lo que nos estamos convirtiendo. El método de la respiración vital es el contrapeso a la meditación tradicional, ya que no está pensado para disociar y observar, sino para activar, comprometer e iluminar nuestra fisiología a voluntad.

EL MÉTODO DEL ALIENTO DE VIDA: CÓMO ENERGIZARTE RÁPIDAMENTE

Esta práctica te oxigenará la sangre muy deprisa. Debes mantener los ojos cerrados, por eso es importante que estés sentado y puedas agarrarte a algo para estabilizarte. Cuando termines la práctica, no te levantes enseguida. Podrías marearte y caerte. Este método es capaz de energizar toda tu fisiología en menos de un minuto y su efecto puede durar una hora o más, por lo que es importante que no lo practiques cuando se aproxime el momento de dormir.

1. Cierra los ojos y deja que la frente, las cejas, la mandíbula y los hombros se relajen por completo.
2. Por la nariz, llena los pulmones con una inspiración lenta y profunda.
3. Cuando tengas los pulmones llenos, aguanta la respiración y luego *abre la boca*. Inhala rápidamente con una respiración corta y potente, llenando los pulmones hasta su máxima capacidad. Esto se llama «llenar el fuelle».

4. Mantén esa respiración durante siete segundos y luego exhala rápida y enérgicamente.

5. Repite los pasos anteriores cuatro veces y, a continuación, abre ligeramente los ojos y respira lenta y profundamente, sin centrarte en nada en particular, solo con la mirada relajada y hacia abajo, mientras sientes cómo se agudizan tus sentidos, aumenta tu energía y tu cuerpo cobra vida.

Cuando hayas terminado, levántate despacio. Cada aliento que tomas es un regalo del Creador. Demos las gracias en silencio y agradezcamos el regalo de la segunda medicina: nuestra respiración.

Capítulo 4

WIYÓȞPEYATA – OESTE
Los poderes curativos

Cuando una visión procede de los Seres del Trueno del Oeste,
llega con terror como una tormenta; pero cuando la tormenta
de la visión ha pasado, el mundo es más verde y feliz; porque allí
donde la verdad de la visión llega al mundo, es como una lluvia. El
mundo, como ves, es más feliz después del terror de la tormenta.

–HEȞÁKA SÁPA (ALCE NEGRO)

OTOÑO

Igual que el sol empieza a ponerse al final del día, así empieza a ponerse la estación en el ciclo de la rueda de la medicina. A medida que el verano se retira en nuestros recuerdos, el viento del Sur trae el otoño y nos ofrece este tiempo para reflexionar sobre las intenciones que teníamos para el año y lo que hemos logrado hasta ahora.

Es el momento de finalizar nuestros proyectos, de recoger lo sembrado y de preparar todo lo que hemos cosechado para pasar a la siguiente estación de la vida.

El otoño es también el momento de reunir a nuestra familia y nuestra comunidad, de compartir nuestras bendiciones, de ayudar a los demás, de contar historias y rememorar nuestros recuerdos del año pasado y de recordar a los que cruzaron antes que nosotros al campamento del otro lado.

El Oeste es de donde proceden los Seres del Trueno: los Wakíŋyaŋ. Llenan la atmósfera con truenos ondulantes, iluminan los sentidos con relámpagos y traen la medicina curativa de las lluvias purificadoras. Los Seres del Trueno proceden del mundo de los espíritus; son los guerreros del Creador y vienen a enseñarnos a vigilar y a curar las enfermedades del mundo. Los Seres del Trueno son aliados de las semillas estelares, esos humanos sagrados que han recorrido los caminos de la espiritualidad natural. Recorrer estos caminos puede ser una carga pesada a veces, y los Seres del Trueno nos ayudan a sanar y nos dan fuerza para mantener ese espacio y permitir que el Espíritu venga a través de nosotros mientras seguimos recorriendo la Senda Roja de buena manera. Pero, como ocurre cuando recorremos cualquier camino, vamos acumulando suciedad y mugre, y necesitamos lavarnos. La medicina de los Seres del Trueno puede limpiarnos espiritualmente y convertir el agua en medicina. Una ducha, un baño o un chapuzón pueden aliviar el estrés y las preocupaciones y purificar todo lo que es sagrado. Esto nos ayuda a mantenernos limpios de drogas y alcohol y de otras formas de autoabuso. Los seres humanos tenemos tendencia a buscar la espiritualidad y la autocuración en todo el mundo, pero al final, por mucho que miremos al exterior, es el poder de las enseñanzas sagradas y el poder del Oeste lo que nos ayuda a comprender que lo que buscamos no se encuentra fuera de nosotros mismos, sino que toda la comprensión divina ha estado siempre dentro de nosotros.

ELEMENTO: *MNÍ* – AGUA

El agua es la primera medicina. Fuimos concebidos a través del agua, crecimos y fuimos protegidos en un útero de agua y nacimos en este mundo a través de un portador de agua sagrada. El agua es la primera medicina y la tierra (o roca) la primera creación. En una cabaña de sudación lakota,[*] el sonido que oímos cuando se vierte el agua sobre las rocas es el sonido del universo. No se trata de una metáfora poética; se trata literalmente del sonido del universo. Cuando los científicos grabaron el espacio profundo por primera vez, ese sonido –el sonido de la primera creación conectando con la primera medicina– es el sonido que oyeron. Los pueblos indígenas saben desde hace miles de años que este es el sonido del universo.

Muchas pruebas científicas modernas han permitido descubrir que el agua expresa cualidades sensibles, lo que significa que responde a la energía positiva y negativa. El agua forma

---

[*] N. del T.: *Sweat lodge*, a veces se traduce también como cabaña de sudar. Se trata de una sauna ceremonial en la que se realiza un rito de purificación donde los elementos del universo, tierra, aire, agua y fuego han de combinarse para transformarse en «Medicina».

cristales hermosos o distorsionados y las plantas crecen o se marchitan según la energía positiva o negativa a la que estén expuestas. Los seres humanos estamos compuestos principalmente de agua, así que, si hablar con amabilidad y enviar energía positiva al agua puede cambiar su estructura molecular, imagina lo que podríamos conseguir hablando con amabilidad y enviando energía positiva a nuestros semejantes o a cualquier otro ser sensible. Apenas comprendemos el verdadero poder espiritual y la sabiduría del agua. El agua es maestra, sanadora y fuente de toda vida. Toda agua conduce directamente a ti. Para la salud y el bienestar de todos los seres sensibles de la Madre Tierra no existe nada más importante que el agua.

El Oeste se asocia con las emociones al igual que con el agua, porque ambas son fluidas por naturaleza. Lloramos lágrimas saladas por nuestras emociones. Las emociones están ligadas a nuestro sexto sentido, y trabajar con nuestras emociones forma parte de lo que los seres humanos necesitamos hacer para abrir nuestros sentidos psíquicos y unirnos a todos los demás seres sintientes del planeta que quizá no caminen erguidos, pero están sintonizados con el mundo psíquico que nos rodea.

WAKÍⁿYAⁿ NA ÍYA – LOS SERES DEL TRUENO Y LOS GIGANTES

En la reserva india de Standing Rock hay una zona de tierra baja, en las llanuras lejanas, llamada *Donde cazan los truenos.** Se trata de una tierra de hondos barrancos y afloramientos rocosos y un laberinto de profundas cuevas subterráneas. El valle recibió su nombre de un terrible suceso ocurrido entre los Lakȟóta Oyáte (el pueblo lakota) y los Íya Oyáte (el pueblo gigante) en la prehistoria de América. Ambas naciones habitaban las llanuras, pero no vivían en armonía. Los gigantes, un peligro siempre presente para el pueblo lakota, medían aproximadamente el doble que un humano y entraban en las aldeas por la noche para robar mujeres, ganado y niños. Un día, una partida de los mejores guerreros lakota estaba de caza cuando un mensajero de la aldea llegó a todo galope. Los gigantes habían entrado en la aldea y habían raptado a varias personas y animales. Los guerreros montaron inmediatamente y, guiados por su más diestro rastreador, encontraron el rastro de los gigantes, que se adentraba en la vasta pradera.

Tras dos días de rastreo, los guerreros descubrieron la entrada a su cueva justo cuando el sol pasaba por el punto más alto del cielo. Los guerreros habían escuchado muchas historias de gigantes junto al fuego y una de las cosas que sabían es que dormían durante el día y

---

* N. del T.: *Where the Thunders Hunt* en el original.

despertaban de su letargo poco después de la puesta de sol, lo que significaba que no les quedaba mucho tiempo. El hedor de la cueva era insoportable. Justo nada más entrar a la cueva había un gigante que debía estar de guardia, pero se había quedado dormido. Ante la posibilidad de que despertara en cualquier momento, los guerreros se movieron rápida y sigilosamente para liberar a los que habían sido raptados de la aldea, al menos a los que quedaban con vida.

Los guerreros y sus familiares liberados cabalgaron a todo galope para poner la mayor distancia posible entre ellos y los gigantes. Cuando estos se despertaron y descubrieron que les habían robado la comida, estallaron en un ataque de furia. Aullando y rugiendo, el clan de gigantes salió de su cueva, deseoso de atrapar a los ladrones que les habían robado la comida, despedazarlos y darse un festín con sus huesos.

Los gigantes tienen sentidos aguzados y en cuanto captaron el olor de los caballos de los guerreros, comenzó la persecución. Rápidamente acortaron distancias. En la noche sin luna, los guerreros podían oír los aullidos y rugidos de los gigantes que venían a por ellos. Los caballos ya estaban agotados y la aldea aún quedaba a más de un día de camino. Los guerreros sabían que era imposible llegar al poblado antes de que sus enemigos los alcanzaran.

Desesperados y enfrentados a un peligro mortal, podrían haberse rendido, pero no lo hicieron. Un pensamiento les tranquilizó y puso freno a su pánico: recordaron que eran hijos e hijas de los antepasados que lo dieron todo para que ellos pudieran tener esa hermosa vida y seguir viviendo de esa manera tan maravillosa. Exhaustos, desmontaron y se reunieron junto al arroyo que habían estado siguiendo, formando un círculo sagrado. Sacaron su *čhaŋnúŋpa wakȟáŋ*, su pipa sagrada, unieron la cazoleta con la caña y rezaron juntos. Siguieron rezando mientras los gigantes se acercaban; podían oír sus gritos espeluznantes en su extraña lengua gutural. Parecía que toda esperanza estaba perdida para este pequeño y valeroso grupo de lakotas.

Tomaron un cuerno de búfalo lleno de agua del arroyo y se bendijeron bebiendo el agua y limpiándose. El hechicero levantó la pipa sagrada hacia el cielo y rezó: «Seres del Trueno del Oeste, os invocamos. Ahora necesitamos vuestra ayuda. Protegednos, guiadnos y velad por nosotros, os lo imploro. La gente de la nación gigante nos alcanzará pronto y nos matará. Protegednos de esos gigantes y derrotadlos con vuestro poder. Queremos vivir y ver a nuestra familia y a nuestros seres queridos y recorrer de buena manera esta hermosa Senda Roja. Creador, esta es nuestra oración. *Mitákuye Oyás'iŋ*». Fumaron la pipa sagrada, honrando a las siete direcciones.

Y llegaron los Seres del Trueno.

Las nubes empezaron a formarse en la distancia, ondulando y creciendo hasta que se extendieron por el horizonte y oscurecieron rápidamente el manto nocturno cuajado de estrellas. El trueno retumbó en la pradera y sacudió el suelo como cien mil búfalos en estampida. Los gritos y aullidos de los gigantes enmudecieron y, cuando los relámpagos brillaron, los lakota pudieron ver que habían frenado su carga y estaban acurrucados, asustados, paralizados y sin saber qué hacer.

Un enorme grupo de nubes de trueno se desplegó sobre el cielo de la pradera y se posó directamente sobre el clan de gigantes. Los relámpagos brillaban en el interior de las grandes cabezas de trueno y, con cada destello, podían ver la enorme silueta de una figura entre las nubes y sabían que se trataba de Wakíŋyaŋ Wičháša, el Hombre del Trueno. Había traído consigo a los Seres del Trueno para ayudar al pueblo. El trueno hizo vibrar hasta la médula los cuerpos de todos y los relámpagos llenaron sus ojos con luz de todos los colores posibles. El Hombre del Trueno habló con el hechicero: le dijo que montaran todos a caballo y regresaran a la aldea con la mirada al frente, sin volverse por ningún motivo. Hicieron lo que se les dijo.

El Hombre del Trueno invocó a los Seres del Trueno para que lanzaran rayos alrededor de los gigantes mientras estos daban media vuelta y regresaban tan deprisa como podían a su valle. Cuando los gigantes volvieron a sus cuevas, estaban tan aterrorizados por el poder de las plegarias de los lakota que sellaron todas sus cuevas y se adentraron en la tierra para regresar al inframundo.

HÁU, MITÁKUYE OYÁS'IŊ

Las enseñanzas indígenas del Oeste son poderosas, porque las lecciones de esta dirección sagrada están arraigadas en las partes más elementales de lo que nos hace humanos. El Oeste representa el espectro completo de nuestras emociones humanas en bruto. Representa nuestra primera medicina del agua, es la dirección sagrada que alberga el espacio para nuestra alegría y contiene dos de nuestras mayores cualidades morales y virtudes: la humildad y la modestia, ambas unidas por la sinceridad. Esa sinceridad es el rasgo clave que proporciona la fuerza en nuestra relación con el mundo espiritual. Nuestra oración suele ser más fuerte cuando experimentamos nuestro mayor temor, porque entonces rezamos con total sinceridad. En la historia de los gigantes, no fue la peligrosidad de la situación, sino la sinceridad de sus plegarias, lo que permitió a los lakota invocar a los poderosos Seres del Trueno.

VIRTUDES INDÍGENAS: *WÓUŊŠIIČ'IYE NA IGLÚHUKHUČIYELA* – HUMILDAD Y MODESTIA

El noventa y nueve por ciento de toda forma de vida de la Madre Tierra es más pequeña que un abejorro. Y si eliminamos algo del orden natural de nuestra Madre Tierra, no importa su tamaño, otro ser sufrirá. Pero hay una excepción. Lo único que podemos eliminar para mejorar el mundo son los seres humanos. Los entornos ecológicos de este planeta no dependen de los seres humanos en modo alguno para sobrevivir y prosperar. Nuestra Madre Tierra solo sufre soportando nuestra vida humana y estaría mejor sin nosotros, los humanos, en el planeta. Por tanto, debemos estar profundamente agradecidos por recibir tanto apoyo, y abordar nuestra relación con nuestra Madre con humildad y agradecimiento por su amor y generosidad.

Podemos aprender por las buenas o por las malas la modestia y la humildad, pero de un modo u otro aprenderemos esta lección. Si nuestras mentes son terreno abonado para la corrupción, nuestros corazones están llenos de codicia y justificamos el hecho de apropiarnos de todo y querer siempre más, la Madre Tierra vendrá por nosotros y nos humillará. Nos convendría que alguien un poco más amable, como un anciano, un guardián de la sabiduría o un chamán, nos ofreciera esta lección. Cuando es el Espíritu quien nos humilla, puede hincarnos de rodillas antes de volver a alzarnos, es decir, si es que decide concedernos otra oportunidad. El consejo de ancianos le dijo al trampero que se llevara solo lo necesario para emprender el viaje de vuelta a su tierra, pero él hizo caso omiso de estas instrucciones. Al final, regresó al lugar de donde había venido después de aprender una lección de modestia y humildad.

Wóuŋšiič'iye – Humildad

Hay una delgada línea entre la confianza y la arrogancia: se llama humildad. Se ha dicho que la humildad no consiste en menospreciarse, sino simplemente en pensar menos en uno mismo. Los ancestros nos dicen que para desarrollar la humildad interior hay que practicar la modestia exterior. Mucha gente cree que es peligroso ser humilde, porque en el mundo moderno, si no destacas de alguna manera, siempre habrá alguien más rápido, más brillante y más que deseoso de quitarte el trabajo o de robarte la pareja. La mayoría no podemos permitirnos quedarnos sin trabajo, así que ideamos formas de hacer creer a nuestro jefe que, de alguna manera, somos indispensables. Lo mismo podría decirse de nuestro comportamiento en las relaciones íntimas y en nuestros círculos sociales, con cualidades que fingimos o defectos que tratamos de ocultar a los demás.

Llegará un momento en que el Creador nos llamará para que volvamos a casa. Al final, todos estamos destinados a pasar por esto. No importa dónde vivamos, qué coche conduzcamos, cuánto dinero poseamos o cuántos seguidores tengamos en las redes sociales. Lo que sí importa es que examinemos por qué creemos que todo esto tiene importancia y por qué sentimos la necesidad de impresionar a los demás. Estas dos preguntas nos ayudarán a llegar a la raíz de nuestros problemas y a reflexionar sobre nuestra humildad.

La humildad es una de las cualidades más difíciles de percibir, porque, por su propia naturaleza, está oculta. Sin embargo, podemos tener una sensación de humildad cuando nos topamos con un líder auténtico. Por ejemplo, el típico «líder» moderno nos hace sentir, nada más verlo, que él es importante. Sin embargo, un gran líder nos hace sentir cuando lo conocemos que *nosotros* somos importantes. Los grandes líderes no intentan impresionar ni convencer a nadie de su grandeza. Simplemente son personas corrientes que afrontan la vida desde un sentimiento interior de humildad, y esa humildad brilla en la forma en que se muestran en el mundo. La humildad consiste básicamente en salir de nuestra cabeza y no dejar que nuestro pensamiento comience siempre por «¿qué saco yo de esto?». Esta virtud nos permite elevar nuestros sentidos por encima del ruido de la sociedad y ver más allá de lo que tenemos delante de las narices; además, nos abre el corazón y la mente para poder recibir sabiduría e información del universo, en lugar de limitarnos a aceptar la falsa sabiduría y la información artificial que nos rodean a diario. La humildad es lo bastante poderosa como para desarmar un ego que no está en armonía con la naturaleza.

Hay muchas formas de desarrollar la humildad, pero esta empieza por pensar en los demás. En realidad, pensamos en los demás continuamente; sin embargo, lo hacemos desde nuestro punto de vista, desde nuestras emociones. En lugar de eso, tenemos que aprender a sentir y tratar de comprender lo que otros experimentan en sus vidas. Esto nos ayudará a conocer y examinar nuestros propios sentimientos sobre el patriarcado, el racismo institucional o el corporativismo, que, de un modo u otro, hacen muchísimo daño a los seres sintientes de la Tierra. La humildad es lo que nos permite hacer o decir algo de verdad, porque lo comprendemos y realmente nos importa. La humildad es la piedra angular de la integridad, la sinceridad y la modestia.

Iglúhukhučiyela – Humildad

La humildad está estrechamente relacionada con la modestia, ya que sin humildad no se puede ser modesto. La diferencia es que la humildad es un estado interno, mientras que la modestia hace referencia a nuestras acciones. Ninguna acción puede hacerte modesto; solo puedes *serlo*. Por eso es tan importante la humildad; sin ella, la modestia no es más que algo que fingimos, y solo conseguiremos engañarnos a nosotros mismos. Cuando vivimos con intenciones verdaderamente modestas actuamos de una manera que, aparte de ayudarnos a nosotros mismos, le será de gran ayuda a todo el que entre en contacto con nosotros y al resto del planeta.

Aprender la modestia es una práctica arraigada en el modo de vida indígena. Esto se encarna en la cabaña de sudación lakota, donde la parte superior de la entrada está a poco más de medio metro del suelo. Esto es intencionado, para que nos humillemos arrastrándonos hasta el vientre de la Madre Tierra sobre las manos y las rodillas. Entramos y salimos de la cabaña de sudación sagrada del mismo modo en que entramos en esta vida: no caminando erguidos como un adulto y con nuestra perspectiva adulta de pensar que lo sabemos todo, sino gateando como un bebé, verdaderamente vulnerable y espiritualmente abierto a las lecciones del universo.

PRÁCTICA ESPIRITUAL:
ČHAŊTÉ – EMOCIONES

Las semillas estelares, o *personas sagradas*, son luces resplandecientes en una sociedad moderna por lo demás bastante gris, y atraen a la gente como la llama a las polillas. La gente capta su energía y se aferra a ella durante años o incluso décadas. El problema es que a veces ocurre lo contrario: una semilla estelar suele retener, para bien o para mal, la energía de aquellos con los que se relaciona. Así, alguien con un trauma puede transmitirnos la memoria emocional de ese trauma sin ser consciente de ello.

Y, por supuesto, todos tenemos nuestros propios traumas. Es una parte natural de la vida, porque esta no tiene que ser perfecta, sino útil. Sin embargo, si permitimos que ese trauma signifique más de lo que es, siempre rondará por nuestra mente, hablándonos en susurros de episodios en los que fuimos las víctimas, para recordarnos que no merecemos la felicidad, que la vida no tiene sentido o que no somos tan buenos como los demás. Es extremadamente perjudicial estar a todas horas en un bucle de monólogo interior negativo, carente de autoestima y confianza en nosotros mismos, con toda la ansiedad social que eso conlleva. Debemos recordar que cada célula de nuestro cuerpo está escuchando y reaccionando a cómo nos hablamos.

La mayoría de los traumas provienen de «emociones no resueltas». Esto es una simplificación excesiva, pero nos ofrece un punto de partida para tratar de cuestiones arraigadas en un acontecimiento o conflicto terrible de nuestro pasado que siguen afectándonos en el presente. A menudo, durante la experiencia traumática, estas emociones negativas se imprimen en nosotros psíquicamente, así como a través de nuestros sentidos: la vista, el oído, el olfato, el gusto y el tacto. Quienes han sufrido agresiones sexuales suelen estremecerse ante la idea de que alguien les toque el cuello, el vientre, los brazos o las piernas, y con frecuencia viven con una sensación de inseguridad, incapaces de establecer o hacer respetar sus límites. Muchos veteranos de guerra llegan a volverse paranoicos y suelen tener tendencia a sembrar el caos cuando las cosas parecen «ir muy bien» o se vuelven excesivamente tranquilas y predecibles.

En ocasiones, estos comportamientos son intentos subconscientes de revivir la experiencia traumática para sanarla o encontrarle algún tipo de significado, pero rara vez somos capaces de hacerlo, por lo que el ciclo de abuso continúa. Los ancianos nos dicen que la mejor manera de superar algo es pasar por ello. En parte, ese proceso requiere que rompamos con la energía emocional del trauma, y esto incluye nuestras emociones en torno a la persona que puede haberlo causado. Eso nos permite liberarnos y evitar que el trauma siga controlándonos.

LA TRANSFERENCIA DE AGUA

Existen varios rituales y prácticas que podemos utilizar para cerrar el ciclo. Por ejemplo, la frase *enterrar el hacha de guerra* procede de una época en la que ciertas tribus del noreste enterraban ceremonialmente sus armas y las guardaban para significar el fin de una era de guerra y declarar el comienzo de una época de paz y sanación. Puede que también estés familiarizado con varias técnicas de «cortar el cordón emocional» que ofrecen formas similares de ayudar a dar fin a nuestras experiencias traumáticas.

La transferencia de agua es una técnica curativa que trabaja con nuestros atributos espirituales y energéticos, ya que somos seres espirituales compuestos de energía.

En esta práctica, limpiamos y preparamos nuestro yo; a continuación, evocamos el trauma y la persona o experiencia asociada a él. Lo reconocemos y luego lo transferimos al agua, para permitir que la Madre Tierra se lleve ese trauma y lo aparte de nosotros, de modo que podamos superarlo y seguir adelante con nuestras vidas. No es necesario que te preocupes ni que te preguntes si lo estás haciendo bien. Lo importante es que te has comprometido al poner en práctica tu intención.

Este ritual no es para todo el mundo. Si recordar tu trauma te provoca un estado de pánico, déjalo por ahora. Y, aunque la transferencia de agua le ha servido a muchísima gente para poner un punto final y la ha ayudado a sanar, no estamos ni mucho menos afirmando que sea fácil curar un trauma de toda la vida por medio de una práctica curativa de tres pasos. No obstante, aunque solo nos ayude a pasar el mes, o el día, o incluso los próximos cinco minutos, habrá servido a su propósito. Se recomienda encarecidamente no realizar esta ceremonia en solitario. Es preferible tener al lado a una persona experta y de confianza.

1. **La purificación:** vierte de dos a cuatro tazas (es decir, aproximadamente de medio litro a un litro) de agua en un cuenco. Si puedes, utiliza un cuenco de madera, pero cualquiera servirá. Sentado en la tierra o en el suelo, reza con el agua durante unos instantes, conecta con ella, dile lo que

quieres hacer y pídele que te ayude. Si es posible, quema un poco de salvia para purificarte a ti mismo, el cuenco y el lugar. A continuación, adopta un estado de gratitud y bebe un trago de agua. Sé muy consciente de cada gota de agua que entra en tu boca y baja por tu garganta. Con las manos, toma una pequeña cantidad de líquido y lávate para limpiarte y bendecirte. Empieza por la parte superior de la cabeza. Límpiate ligeramente la frente, las cejas, los ojos, la nariz y la boca, y desciende por la garganta y la parte posterior de la cabeza. Después, haz lo mismo con el torso, los brazos, las piernas y los pies.

2. **La transferencia:** para prepararte, establece tu intención de sanación. Disponte a desprenderte de tu trauma. Sujeta el cuenco con las manos y permite que llegue la experiencia del trauma. Si se presenta un trauma que no esperabas, no intentes detenerlo, porque es lo que se supone que debe aparecer. Este paso consiste en centrarse en el trauma, por muy difícil que sea.

Este proceso no es para nuestros deseos humanos, sino para nuestras necesidades espirituales, así que no dudes; simplemente sigue adelante. Mantén los ojos abiertos y no apartes la mirada del agua. Visualiza cada elemento del trauma que ha aparecido: cada visión, sonido y detalle posibles. A continuación, lleva tu atención al cuerpo y nota de dónde provienen la mayoría de las emociones de ese trauma. ¿Las sientes en el estómago o en el espacio del corazón? ¿Sientes tensión en las piernas o sequedad en la garganta, que te impide hablar? ¿En qué punto se bloquea la energía? Una vez que seas consciente de la zona, pídele al agua que te ayude a llevar la curación a esa área de tu cuerpo. Permanece centrado en esta parte del proceso todo el tiempo que necesites, pero no apartes los ojos del agua. Sabrás cuándo es el momento de seguir adelante. Cuando te sientas preparado, utiliza todos los sentidos y toda la imaginación para arrancar esa experiencia del punto del cuerpo en el que se encuentra atrapada y transferirla al cuenco de agua con tu voluntad y tu intención. Tómate tu tiempo, porque ese trauma no querrá abandonar el hogar que ha construido en ti. Sabrás instintivamente cuándo ha terminado la experiencia y cuándo el trauma se ha unido al agua del cuenco y ya no forma parte de ti.

3. **El cierre:** después de que se produzca la transferencia, termina la visualización y asegúrate de desconectar todos los sentidos. Sigue mirando el agua, pero sin tratar de ver ninguna imagen, aunque el trauma esté ligado a ella. A continuación, sácala al exterior y viértela en la tierra. Es recomendable quemar un poco de salvia para purificarse y limpiar el entorno. ¡Y eso es todo!

HÁU, MITÁKUYE OYÁS'IŊ

Capítulo 5

WAZÍYATA – NORTE
La medicina de la tierra

Los ancianos venían a amar la tierra y se
sentaban o reclinaban en ella
con la sensación de estar cerca de un poder maternal [...]
Construían sus tipis sobre la tierra y sus
altares eran de ese material [...]
La tierra era calmante, fortalecedora, limpiadora y curativa.
Por eso el viejo indio sigue sentándose sobre la tierra en
vez de alzarse y alejarse de sus fuerzas vivificadoras.
Para él, sentarse o tumbarse sobre la tierra significa ser capaz
de pensar más profundamente y sentir con mayor intensidad;
puede ver más claramente los misterios de la vida y
acercarse en hermandad a otras vidas a su alrededor.

–MATĦÓ NÁŽIŊ (JEFE LUTHER OSO DE PIE)

INVIERNO

Estos son los meses en los que entramos en la época del oso soñador. No importa si donde vives no hay osos o no nieva: lo que importa es que empieces a ser consciente de la firma energética asociada a esta estación. Es la época del año en que la tierra envía señales a sus hijos de que es hora de ir más despacio, de aclarar lo que está confuso, de organizarse y de planificar la próxima primavera. El invierno es una época de renovación, regeneración y reunión con la comunidad para compartir nuestros conocimientos, habilidades e historias. Es el momento de reflexionar sobre nuestras vidas y el mundo que nos rodea, de elaborar nuestros planes, de crear nuestros tableros de sueños,[*] de preguntarnos qué necesitamos el año que viene y de establecer nuestras intenciones. Es el momento de sentarnos con nuestras parejas, nuestros padres y nuestros hijos, y preguntarles qué podemos hacer por ellos en las próximas lunas. Esta es la época en la que tomamos decisiones y volvemos a dedicarnos a ser disciplinados en recorrer la Senda Roja y en trabajar con nuestra medicina y nuestra gente. Es importante reflexionar sobre nuestra comprensión de los conceptos de nutrición y rejuvenecimiento y nuestra relación con estos. También deberíamos replantearnos las razones por las que siempre vamos con prisa y, sobre todo, el significado de nuestra intención. Todo ello con la certeza de que se acerca la primavera y, como el oso, nos preparamos para salir de nuestras

---

[*] N. del T.: También llamado *mapa del tesoro* o *tablero de visión*. Consiste en un *collage* compuesto por recortes de imágenes, dibujos, palabras y textos, que representan los deseos que queremos hacer realidad.

guaridas hambrientos, sedientos y dispuestos a enfrentarnos de nuevo al mundo. Las lecciones del Norte tienen que ver con todos los altibajos y todo lo que hay en medio del ser humano. Las enseñanzas de esta dirección sagrada están conectadas con todos los elementos toscos y primarios de tener un cuerpo humano, albergar sentimientos humanos y trabajar con la vivencia humana cotidiana de este viaje a través de lo divino salvaje. Esencialmente, estas enseñanzas son el fundamento de nuestra naturaleza de seres humanos y de nuestro esfuerzo como tales.

ELEMENTO: *UŊČÍ MAKĦÁ* – TIERRA

El elemento tierra es otro regalo del Creador y un elemento fundacional de la espiritualidad que nos ofrece enseñanzas sobre cómo encarnar nuestra forma humana. Es decir, la tierra tiene que ver con lo práctico; trata de quiénes somos, qué hacemos y por qué y cómo lo hacemos.

Cuando somos capaces de conectar con la sabiduría y los poderes curativos de la medicina de la tierra del Norte podemos tener un conocimiento profundo y experimentar una curación milagrosa y una enorme satisfacción. Hay dolencias y problemas en nuestras vidas que solo pueden descubrirse o curarse teniendo los pies descalzos en el suelo, las manos en la tierra o el cuerpo en el agua, en observación silenciosa y recibiendo con todos los sentidos la energía natural de la tierra que se arremolina a nuestro alrededor. Sin embargo, la gente rara vez, o más bien nunca, hace el esfuerzo de conectar con la tierra de ese modo. En nuestra sociedad moderna, la forma más habitual de conectar con la tierra es mediante algún tipo de actividad recreativa en un campo de hierba cuidada o haciendo ejercicio en un sendero bien trazado; que ya es algo, pero no es en absoluto lo mismo ni un sustituto de una conexión espiritual profunda con los espacios que podemos encontrar fuera de los caminos más transitados.

¿Cuándo fue la última vez que te tumbaste en el suelo y miraste al cielo mientras escuchabas el latido de la Madre Tierra? Mucha gente no es consciente de que realmente podemos oír la respiración y el latido del corazón de nuestra Madre Tierra. Algunos no lo han hecho nunca y para otros puede que haya pasado demasiado tiempo desde la última vez que establecieron esta conexión. Para comprender la naturaleza, tenemos que sumergirnos en ella con el corazón por delante y eso requiere tanta atención y trabajo concienzudo como cualquier otra relación significativa de nuestras vidas.

En nuestro mundo, hay personas que no solo tienen una profunda relación espiritual con las energías de la tierra, sino que son capaces de comunicarse con ellas y utilizar esa capacidad para ayudar a otros a conectar con el conocimiento profundo y la sanación. Los auténticos sanadores dicen que no son ellos los que curan nada ni a nadie; se limitan a mantener el espacio a fin de que los demás conecten con el conocimiento para curarse a sí mismos. De hecho, yo digo: «Solo soy un instrumento a través del cual el Espíritu conecta. Soy un ser humano. Si una persona no está preparada o dispuesta a conectar con su interior, no podrá comprender este conocimiento ni curarse con esta medicina. No tengo autoridad para decir quién está preparado o capacitado y quién no. Eso es algo que cada uno debe consultar con su consejo espiritual interior y aceptar».

Cuando estemos preparados para conectar con este tipo de conocimiento curativo y espiritual, debemos estar dispuestos a trabajar en nuestra relación personal con la Madre Tierra y el Padre Cielo y en nuestra capacidad para guiarnos por el pensamiento indígena en un mundo moderno. Un poco más adelante hablaremos de construir una relación con el Padre Cielo, pero en este momento nuestra primera pregunta es: «¿Cómo iniciamos una conexión espiritual con nuestra Madre Tierra cuando estamos tan desconectados de ella?». Como sucede con cualquier otra relación significativa, debemos trabajar en nuestra relación con la Madre Tierra con gran integridad, intención, reverencia y coherencia. En otras palabras, tenemos que enamorarnos de ella.

Ella es la arena, las rocas, el suelo y todas las demás materias similares que sostienen un espacio nutritivo para prácticamente todo lo que hay en este planeta. Imagina la extraordinaria sensación de ser el hogar de todos los seres sensibles que viven en ti o sobre ti, así como el nivel cósmico de amor que se necesita para nutrir toda forma de vida.

Imagínate un amanecer. Hay historias de ángeles que se reúnen al alba para disfrutar de su belleza celestial. Y, al contemplarlo, verás, si te fijas bien, que a medida que las partículas de luz golpean las células vivas de los seres, cada rayo de luz despierta e ilumina todo lo que toca.

Pero alejémonos de lo cósmico por un momento. Las actividades que realizamos en la vida cotidiana –cocinar, comer, trabajar, leerles a nuestros hijos, hacer deporte y reír con los amigos– forman parte de nuestra conexión con el Espíritu tanto como los momentos que pasamos rezando. Nuestra oración es nuestra forma de caminar por este mundo y nuestra vida es nuestra ceremonia. Eso no significa que en todo momento vayamos a sentir que vivimos en perfecta armonía. No podemos oír de cerca esa armonía; para eso tendríamos que volver a la visión cósmica.

Para seguir formando parte de esa armonía silenciosa, necesitamos conectar con nuestro sentido de la dignidad. De todos los valores humanos este es el más terrenal y se asocia con el Norte. La dignidad nos enseña cómo incorporarnos en nuestro cuerpo físico mientras estamos aquí, experimentando la vida humana, y hacemos el trabajo de conectar con la Madre Tierra y de desarrollar una relación íntima con ella. Ese respeto por la Madre Tierra empieza por el respeto que nos tenemos a nosotros mismos.

Nuestros parientes las ballenas fueron creados sin ningún medio de defensa y colocados por el Creador para vivir en –según los criterios humanos– el entorno más hostil de la Tierra, es decir, el mar abierto. La nación de las ballenas muestra a todas las demás naciones animales que la nobleza genuina no requiere coronas enjoyadas, ni un título aristocrático, ni siquiera ser un depredador supremo. Las ballenas suscitan admiración por ser la encarnación viva de la dignidad más noble. Gentes de todo el mundo se adentran en el océano para experimentar esta dignidad de cerca. La auténtica dignidad noble solo es posible con la renuncia total al control. En otras palabras, nos alejamos de nuestro propio sentido de la dignidad cuando permitimos o aplicamos la opresión sobre algo o alguien.

Sabemos lo que significa respetar a una persona por lo que es, o por lo que ha conseguido, o por la forma en que hace algo que consideramos importante. La dignidad es nuestra sensación interna de respeto por lo que somos, por lo que hemos conseguido y por cómo nos comportamos. En esencia, la dignidad consiste en respetarnos a nosotros mismos.

Sin embargo, la dignidad es algo más que nuestro sentimiento interno de respeto hacia uno mismo o autoconfianza. Tiene ambas cualidades, pero además incluye la sensación interna de que somos merecedores por derecho divino de lo mejor que el universo puede ofrecer en términos de amor, armonía, sabiduría y alegría. La dignidad es el valor raíz de lo que todos somos como seres humanos. Pero a muchos les resulta difícil sentir este elevado nivel de autoestima porque requiere un nivel muy elevado de amor propio. La cuestión es que no importa lo que hayamos hecho en nuestro pasado o en qué momento de nuestra vida nos encontremos, porque todos somos merecedores de un sentido esencial de dignidad humana. Todos somos un reflejo de los demás y de nuestro entorno, y cuando negamos la dignidad, no solo nos negamos a nosotros mismos, sino el valor fundamental de toda la vida en la Madre Tierra.

Dignidad humana + Compasión + Bondad = Paz

Si eliminamos la dignidad humana, la compasión o la bondad de la sociedad, se producirán atrocidades, conflictos y sufrimiento, y no faltará quien instituya y reclame algún privilegio del que se cree merecedor para poseer la tierra, trazar líneas en los mapas y construir muros basados en la raza, la etnia y el engaño. Cuando la sociedad ya no honra la dignidad humana, los enfermos son capaces de convencernos fácilmente de que las únicas soluciones a los problemas sencillos son la separación y la guerra. ¿Y qué es la guerra sino una fuente de ingresos para los políticos y de beneficios para las empresas? A esto nos referimos cuando afirmamos que el envilecimiento o la falta de dignidad es la causa fundamental de nuestro sufrimiento humano.

Juntemos los corazones y las mentes y veamos qué vida podemos construir para nuestros hijos.

–TȞATȞÁŊKA YAŊKÁ (JEFE TORO SENTADO)

VIRTUDES INDÍGENAS: *ÚŊŠILA NA WÓČHAŊTOGNAKE* – COMPASIÓN Y EMPATÍA

La compasión es la capacidad de sentir lo que siente otra persona. La empatía es cuando actuamos para mejorar la situación de los demás *porque* sentimos compasión por ellos. Cuando somos capaces de ponernos en la situación de otro, tratando de comprender sus sentimientos y perspectivas, y utilizar esa comprensión para guiar nuestras acciones, logramos combinar la compasión y la empatía. Encarnamos la compasión cuando conectamos profundamente con la comprensión de que otro ser es un reflejo de nosotros y encarnamos la empatía cuando lo ayudamos de forma práctica y terrenal.

Lilla Watson, una anciana aborigen australiana, nos ofrece estas sabias palabras de empatía:

Si has venido aquí para ayudarme, estás perdiendo el tiempo. Pero si has venido porque tu liberación está ligada a la mía, entonces trabajemos juntos.

Se trata de una poderosa descripción de la empatía, pero ¿qué significa que nuestra liberación esté ligada a la de otra persona? Martin Luther King Jr. lo explica mejor. Mientras estaba recluido en una cárcel de Birmingham, Alabama, escribió:

La injusticia en cualquier lugar es una amenaza para la justicia en todas partes. Estamos atrapados en una red ineludible de reciprocidad, ligados por un mismo tejido de destino. Lo que afecta a uno directamente afecta a todos indirectamente.

La «red ineludible de reciprocidad» a la que se refiere King es el potencial que tienen los seres humanos para la compasión. La llamada a la acción de Lilla Watson, «entonces trabajemos juntos», es la empatía. La compasión y la empatía nos permiten unirnos como una sola mente, amar con un solo corazón y avanzar juntos en una dirección sagrada como una familia unida. Este es el poder de las enseñanzas y la medicina de la tierra del Norte. Esto no quiere decir que sea fácil. ¿Qué pasa con toda la gente mala? ¿Cómo podríamos trabajar juntos para «liberar» a quienes hacen daño de forma intencionada y continua? ¿Crees que sería posible convencer a todo el organigrama de empleados de ciertas empresas de que, por el mero hecho de hacer su trabajo, están destruyendo el medioambiente, fomentando la guerra o perjudicando la salud y el bienestar de las familias? Por supuesto que no. Sus nóminas dependen de *no* asumir esa responsabilidad. ¿Cómo podríamos liberar a estas personas? La respuesta es que no lo haremos. Nos centraremos en los que están despertando y se están liberando del sistema. Esta es la gente a la que podemos ayudar aquí y ahora. La onda se extenderá a partir de ahí y, al final, nuestra vibración colectiva terminará por derribar los muros de estas instituciones y su forma de pensar. Este es el poder de la compasión y la empatía.

Úŋšila – Compasión

Podemos experimentar la compasión directamente cuando somos capaces de ver más allá de nuestras propias necesidades y circunstancias y experimentar, de verdad, los sentimientos del otro. Ten en cuenta que no siempre se trata de sentir el dolor y la pena de los demás, pues también podemos elegir sentir su felicidad y su alegría. La compasión nos ofrece la oportunidad de concentrarnos en todo lo bueno y maravilloso que hay en la vida. Procura practicar la compasión tanto con quienes sufren como con quienes experimentan alegría y abundancia; de esta manera contribuirás a aportarle al mundo el equilibrio y la igualdad que tanto necesita.

La capacidad de imaginar por lo que está pasando otro ser sensible es importante para brindarnos salud y curación a nosotros mismos y a los demás; asimismo es una de las capacidades humanas clave que despiertan y fortalecen los sentidos psíquicos que solíamos compartir con la naturaleza y las naciones animales. Gracias a la compasión, creamos un emparejamiento psíquico con otro ser a través de un espacio que ningún instrumento científico es capaz de medir o detectar. Y, como ocurre con cualquier otro tipo de práctica, cuanto más tiempo permanezcamos en ese espacio, mejor aprenderemos a trabajar con las distintas energías del reino psíquico. Es la compasión lo que nos permite entrar en ese espacio y desarrollar nuestros sentidos psíquicos olvidados.

Wóčhaŋtognake – Empatía

Comprender internamente lo que otro siente será de gran utilidad para la humanidad, pero *cuando queremos hacer algo con respecto a lo que sentimos*, esa acción se llama empatía. El camino más directo hacia la empatía es darte cuenta de que la otra persona o ser *eres* tú. Demostramos empatía cuando emprendemos una acción para cambiar las vivencias de otra persona *porque* sentimos compasión por ella. Este sentimiento nos permite actuar sin tener en cuenta la especie, raza, nacionalidad o clase social de otro ser. Cuando la humanidad pone en marcha su sentido colectivo de la empatía, somos capaces de mover montañas.

Es cierto que la empatía puede motivar y movilizar a las masas, pero no podemos actuar ciegamente cada vez que nos sentimos mal por algo o por alguien. Hay mucha gente perpe-trando abusos y corrupción en el mundo y una cantidad ilimita-da de males que corregir, y simplemente nos quemaríamos in-tentando intervenir y ayudar a arreglarlos todos. Los antiguos nos dicen que lo fundamental para una empatía eficaz es actuar con responsabilidad y establecer límites. Cuando sentimos que algo no va bien, debemos evaluar de forma realista si estamos en condiciones de asumir la responsabilidad y dispuestos a ha-cerlo. Las personas muy empáticas suelen quemarse por la ac-titud de la gente desagradecida y terminar agotadas por ayudar demasiado. La clave consiste en determinar el mejor uso de nuestra energía y luego ponerle un límite. El mundo es gran-de y hay mucho dolor y sufrimiento, de manera que hagamos lo que podamos de forma responsable para hacer todo el bien posible.

PRÁCTICA ESPIRITUAL: *TȞAƝČȞÁƝ* – CUERPO

Nuestro cuerpo es una manifestación física de la creación en vibrante movimiento. Para mantener esa vibración elevada, necesitamos estar inmersos en otros elementos de la creación de alta vibración natural. Si vivimos en ambientes cerrados o permanecemos mucho tiempo en la ciudad, podemos llegar a deprimirnos. Cuando nos alejamos de la naturaleza, nues-tra mente se cierra, nuestros sentidos psíquicos se embotan y nuestro corazón se enfría.

La práctica espiritual para nuestro cuerpo consiste en volver a la naturaleza con el fin de rejuvenecer espiritualmente, recuperar energías y sanar. Tenemos que volver a aprender a ver con nuestros «ojos de bosque». Para contemplar la naturaleza es fundamental ver más allá de la *forma* de los seres que son parte de ella, pues así seremos conscientes de las energías que hacen posible un sistema en armonía. Nos sirve para entender de otro modo el espacio y los seres. Cuesta asimilar este concepto y comprenderlo, porque en el mundo moderno nos han enseñado que la naturaleza es solo un lugar bonito lleno de recursos para que los explotemos los seres humanos. Procura verlo de este modo: el ciervo no cruzó la carretera, la carretera cruzó el bosque. ¿Te das cuenta de la sutil pero profunda diferencia? Es la diferencia entre ver la naturaleza con una mentalidad desconectada y ver la Madre Tierra con nuestros ojos de bosque.

Máni Pȟežúta – Caminata medicinal

La caminata medicinal es una práctica indígena que ayuda a crear una comunión espiritual entre el ser humano y la Madre Tierra. El mundo natural está en constante comunicación a nuestro alrededor: tenemos que tomar la decisión consciente de aprender a escuchar. Nuestros antepasados hacían caminatas medicinales en busca de signos, presagios y señales, porque el Creador nos habla a través de la naturaleza. Incluso en la actualidad, la Madre Tierra sigue ofreciéndonos su sabiduría, sus respuestas y su curación, y podemos recibirlas a través de un paseo medicinal.

Todo lo que se requiere de esta práctica es poner nuestro cuerpo en contacto directo con la naturaleza, sin ningún plan ni objetivo que lograr, excepto estar plenamente presentes y conectar intencionadamente con la vitalidad de la experiencia del entorno natural que nos rodea. Aunque esta práctica pueda parecer obvia y algo que mucha gente ya hace, hay adultos de todas las generaciones y rincones de la sociedad que no han caminado con los pies descalzos sobre la Madre Tierra ni han cavado en la tierra con las manos desnudas movidos por una intención espiritual desde hace décadas, si es que lo han hecho alguna vez. Y hay niños de todas las edades que nunca han tenido un contacto directo con la naturaleza más allá del parque del barrio o de algunas excursiones escolares. Esto es grave, porque cuando tenemos poca o ninguna relación con la Madre Tierra aparecen serios problemas físicos, psicológicos y espirituales, y además esto tiene importantes repercusiones sociales. Las caminatas medicinales son una de las formas más elevadas de autocuidado espiritual que puede practicar un ser humano.

Aunque nuestros antepasados indígenas no necesitaban estudios clínicos ni investigaciones científicas para comprender los efectos de nuestra relación humana con la naturaleza, existen multitud de informes sobre sus beneficios, entre los que se incluyen los siguientes:

- Aumento del rendimiento del sistema inmunitario.
- Disminución de la tensión arterial.
- Incremento del flujo sanguíneo en todo el cuerpo.
- Reducción de la distracción mental y los olvidos.

- Mejora de la concentración, la memoria y otras capacidades cognitivas básicas.
- Reducción de las tendencias hostiles y de las reacciones de ira rápida.
- Mayor capacidad para superar el estrés, la depresión y la ansiedad.

Otros beneficios de la caminata medicinal que no caben en la pequeña y rígida caja de la ciencia *colonial* moderna son los poderosos efectos espirituales y psíquicos de nuestra conexión con la Madre Tierra. Una caminata medicinal produce un incremento en las siguientes áreas:

- La intuición y otros sentidos psíquicos.
- La capacidad de tener sueños lúcidos y la frecuencia con la que estos se producen.
- Nuestra capacidad para percibir diversos campos energéticos naturales.
- La capacidad para comunicarnos con guías espirituales y animales.
- La eficacia de conectar nuestra oración con la acción.
- La consciencia de la medicina natural de la tierra que nos rodea.
- La capacidad para desviar la negatividad y atraer la positividad.

Realizar una caminata medicinal también nos permite desconectar de toda la violencia y negatividad que vemos en

Internet. Cuando dedicamos nuestra atención a las incontables atrocidades entre los seres humanos y a las horribles agresiones a otros seres sensibles y a nuestro planeta, nos distanciamos de nuestra moral y nuestras virtudes, y nuestros sentidos se embotan. No somos capaces de asimilar la enorme cantidad de dolor, sufrimiento y crueldad a los que nos exponemos constantemente por Internet, lo que a su vez crea muchas de las enfermedades de nuestro corazón, mente y cuerpo. Desconectarse del mundo *online* y conectarse a la naturaleza es imprescindible para sanar y regenerar nuestra fuerza vital.

La práctica de la caminata medicinal

La caminata medicinal puede practicarse en cualquier lugar en el que podamos estar en conexión directa con la naturaleza. Para realizar una caminata medicinal no es necesario un despliegue ceremonial complicado, porque esta práctica está pensada para ser una experiencia genuina, humilde y sencilla. Para empezar, establece la intención de tu caminata, que sea para alcanzar el bien más elevado en el desarrollo de una relación personal sagrada con los poderes curativos y las enseñanzas de sabiduría de la Madre Tierra.

A continuación, frena el ajetreo de tus pensamientos desconectados y devuelve la atención a tu cuerpo realizando cuatro respiraciones lentas y deliberadas en lo más profundo del espacio del corazón. La práctica de una caminata medicinal requiere un corazón y una mente despejados para recibir la información con claridad. Tal vez tu agitado cerebro tarde un poco en adaptarse al ritmo y la vibración del reino natural, así que haz tantas series de cuatro respiraciones lentas y pausadas como sea necesario para que tu cuerpo y tu mente se relajen en el momento presente.

A continuación, saluda al entorno y preséntate. Ofrece un regalo y pide entrar en este espacio sagrado, al tiempo que expones tu motivo para estar allí, y luego da las gracias. Por ejemplo: «Hermosa Madre Tierra, te ofrezco humildemente un regalo de tabaco y solicito entrar en tu espacio sagrado y pedirte ayuda para descubrir claridad y dirección con unos asuntos a los que me estoy enfrentando en mi vida. *Mitákuye Oyás'iŋ*; gracias». Sé claro y conciso, deja tu ofrenda y empieza a caminar.

Practica el uso de varios sentidos para conectar deliberadamente con el mundo natural que te rodea. Luego, en cuando te parezca adecuado, busca un lugar para sentarte un rato y ver lo que la Madre Tierra desea compartir contigo. Puedes utilizar cualquiera de los siguientes métodos –o todos ellos– para conectar tu consciencia con su mensaje:

- ¿En qué dirección sopla el viento? ¿Viene del Norte o del Sur? ¿En qué dirección viene y fluye el arroyo? Fíjate hacia dónde va y de dónde viene la naturaleza, porque las lecciones y la sabiduría que encierran estas direcciones pueden ayudarte a ver qué es lo que entra o sale de tu vida, o a encontrar las respuestas o la curación que buscas.
- La mayoría de la gente depende tanto de su experiencia visual del mundo que ha olvidado cómo ver sin ojos.

Cerrar los ojos agudizará tus otros sentidos y realzará el mundo que te rodea mientras vuelves a aprender a ver con tu vista interior. Cierra los ojos y concentra tu oído en los sonidos más cercanos y lejanos que puedas escuchar. Una vez que hayas aislado un sonido, imagina detalladamente lo que ocurre para que este se produzca. Abre los ojos y descubre el origen del sonido en el que te has concentrado. Tal vez sea una hormiga arrastrando una polilla al hormiguero o un bosquecillo de árboles con sus hojas temblando con la brisa. Observa todos los detalles asociados al sonido y vuelve a cerrar los ojos.

De nuevo, imagina la escena y lo que está ocurriendo. Al hacer esto, estás aprendiendo a identificarte con la naturaleza y a sintonizar con ella.

• Siéntate un momento con los ojos cerrados y medita con tu oración. Luego abre los ojos lentamente, asegurándote de no centrarte en nada en particular. Deja que tu conocimiento intuitivo y tus sutiles percepciones sensoriales guíen tu atención hacia cualquier objeto. Agarra ese objeto, ya sea una pluma, una concha, una piña o una hoja. Digamos que es una piedra. Tómate tu tiempo y quédate sentado junto a ella, imaginándote su existencia. Más tarde puedes pedirle que se lleve tus preocupaciones. Con decisión, envíales todas tus preocupaciones para que se impregne de ellas y colócala sobre la tierra o tocando el agua. Ahora deja que la tierra o el agua absorban esas preocupaciones y las disuelvan. Si estás poniendo oraciones en algo como una pluma, envía tus oraciones hacia arriba colocando la pluma en un lugar donde el sol brille sobre ella durante el día; la luna brillará sobre ella durante la noche y el viento se arremolinará a su alrededor y llevará tus oraciones hasta los confines de la Tierra.

- Si quieres conectar con las entidades espirituales de la naturaleza, como los pequeños seres y los espíritus de la naturaleza, háblales. Simplemente anúnciate y ofréceles un regalo: tabaco, comida o agua. No introduzcas ni dejes nada que no sea natural en la naturaleza. Es posible que las entidades no entiendan nuestro lenguaje hablado, pero comprenderán la energía que hay en nuestro tono de voz.

Establecer una conexión directa con los espíritus y entidades de la naturaleza puede llevar un tiempo; sin embargo, cuando ocurre, te cambia la vida para siempre porque aprendes que lo que creías que eran mitos y leyendas no son fantasías. La constancia es esencial para establecer esta conexión, por lo que debes seguir volviendo al mismo lugar y colocar tus dones en el mismo sitio una y otra vez. ¡Puede que un día notes que te dejan un regalo a cambio! La relación entre un ser humano y una entidad de la naturaleza es sagrada y debe cultivarse con el máximo honor y respeto y con gran discreción para proteger a esta.

- Deja el entorno mejor de lo que lo encontraste. Si ves basura, llévatela. Deja el lugar en buen estado.

Si las condiciones lo permiten, pisa el terreno con los pies descalzos. Suelta lo que hayas estado reteniendo: rabia, miedo, vergüenza, frustración, una discusión, una factura atrasada, una tarea que no llegó a realizarse. Relaja tu cuerpo y despréndete de esa emoción. Deja que la tierra se la lleve. La tierra es un filtro y puede transmutar todas las toxinas energéticas negativas que sueltes en ella.

Y luego, para recibir, apoya las manos en la tierra. Si te sientes cómodo haciéndolo, arrodíllate, pega la frente al suelo y di: «Por favor, enséñame». No hace falta que digas lo que hay que enseñar, pues la tierra lo sabe y siempre te dará lo que necesitas si pides y das a cambio.

Y sí, por supuesto: abraza un árbol.

HÁU, MITÁKUYE OYÁS'IŊ

Capítulo 6

WAŊKÁTAKÁB – ARRIBA

El Gran Misterio

*De Wakáŋ Tȟáŋka [Gran Espíritu] procedía una gran fuerza vital
unificadora que fluía en todas las cosas y a través de ellas –las
flores de las llanuras, los vientos que soplaban, las rocas, los
árboles, los pájaros, los animales– y era la misma fuerza que
había sido insuflada en el primer hombre. Así, todas las cosas
eran afines y estaban unidas por el mismo Gran Misterio.*

–MATȞÓ NÁŽIŊ (JEFE LUTHER OSO DE PIE)

E l Gran Misterio es la fuerza vital que anima e inspira todo
lo que hay en el reino sagrado del Abuelo Cielo, y por eso
la idea misma de definir el Gran Misterio es un tanto ab-
surda, porque no importa cuánto intentemos descifrarlo; nunca
lo lograremos. Podríamos reunir a los más grandes científicos
vivos, a los filósofos librepensadores más notables y a los gurús espirituales más iluminados, y nunca llegarían a ninguna
comprensión o conclusión sobre el Gran Misterio. Por ello,

lo mejor es disfrutar de estar aquí, de ser humano y de estar en este momento, comprendiendo que la dicha, la belleza y la comprensión del infinito no pueden conocerse en esta vida, pero que la respuesta al Gran Misterio llegará –como nos llega a todos– muy pronto.

Mientras tanto, lo que sí sabemos es que estamos hechos de polvo de estrellas. Básicamente, solo somos agua y polvo de estrellas unidos por una canción del universo. Cada uno de nosotros es portador de la medicina estelar y cualquier fuerza sagrada que anime a las estrellas también tiene algo que ver con nuestro destino como semillas estelares. El Gran Misterio tal vez sea incomprensible, pero los ancestros nos dicen que está en perfecta armonía. Si intentamos vivir nuestras vidas según los términos mundanos y las expectativas humanas en lugar de permitir que nuestro viaje se desarrolle en armonía con el Gran Misterio, solo nos provocaremos un sufrimiento y un conflicto innecesarios. Diversas culturas indígenas comparten alguna versión de la enseñanza «el viaje más largo es el de la mente al corazón». Esto significa que los comportamientos de nuestras experiencias humanas aquí en la Tierra son reflejos de los movimientos de los cuerpos celestes sobre nosotros. Pensemos, por ejemplo, en la interrelación entre nuestra mente consciente superior y nuestras acciones físicas inferiores. Existe una correspondencia entre lo superior y lo inferior, lo etéreo y lo terrenal. Básicamente, es una forma de decir que toda acción tiene una reacción igual y opuesta, y que para cada verdad existe una verdad igual y opuesta.

El Gran Misterio es una fuerza neutral que no juzga ni castiga a ningún ser sensible. Sin embargo, como los seres humanos tememos lo desconocido y no podemos comprender el misterio de por qué las cosas ocurren como ocurren, etiquetamos determinadas experiencias como «buenas» o «malas» basándonos en nuestras perspectivas y experiencias subjetivas, muy humanas. Cuando etiquetas cosas, personas y experiencias, solo verás lo que te han condicionado a ver, independientemente de lo abierto de mente que creas ser. No hay vivencias buenas o malas que te recompensen o castiguen, sino únicamente aquellas que te enseñan lecciones que ojalá aprendas y apliques a tu vida.

ENERGÍA ELEMENTAL: *BLOKÁ* – MASCULINA

Las direcciones sagradas de Arriba y Abajo están íntimamente relacionadas con las enseñanzas de la simetría de la vida, pues no solo el reino celestial se corresponde con el terrenal, sino que las energías elementales primigenias también comparten esta relación. La energía elemental asociada con Arriba es masculina. Y la energía elemental asociada con Abajo es femenina.

El concepto espiritual de masculinidad tiene muy poco que ver con ser varón. Ciertos conceptos y entidades, como el cielo, el fuego, la caza y la siembra, están enraizados energéticamente en lo masculino. Y otros conceptos y seres, como la tierra, el agua, la recolección y la cosecha, están enraizados energéticamente en lo femenino. Casi ningún concepto o ser es plenamente masculino o femenino todo el tiempo: a veces conectamos con nuestra energía femenina y a veces conectamos con nuestra energía masculina. Cada uno de nosotros tiene un punto de equilibrio natural en algún lugar de la escala masculino-femenino.

En muchas culturas indígenas, la energía femenina se asocia con la creación y la masculina con la funcionalidad. Por ejemplo, las mujeres atraviesan por un rito de paso muy visceral; el tiempo del ciclo lunar/menstrual de una mujer es una ceremonia mensual que la purifica y limpia espiritualmente, preparándola para el potencial de la creación de vida. Los varones no tienen un ritual similar, por lo que deben purificarse, limpiarse y prepararse espiritualmente de otras formas.

Por eso los varones pasan por ciertas ceremonias de purificación como la cabaña de sudación y otros ritos de paso asociados a la virilidad. Las etapas de la virilidad son como semillas que permanecen latentes hasta que un conjunto de condiciones crea un momento catalizador que hace pasar de un nivel de virilidad al siguiente. Pero estos ritos iniciáticos para los varones casi han desaparecido en el mundo moderno y han degenerado hasta convertirse en algo parecido a conseguir el último modelo de móvil, jugar a la siguiente versión de un videojuego o cumplir la mayoría de edad y salir a tomar unas copas. Estos no son ritos de iniciación espirituales ni tampoco aportan nada sustancial a la vida.

Convertirse en «hombre» no tiene nada que ver con la edad o la apariencia. Hay hombres de cuarenta años que son niños y hay niños de dieciséis años que son hombres. Ser un hombre, o la virilidad, tiene que ver con el sentido inherente de la responsabilidad primordial hacia uno mismo, la tierra y los seres vivos que residen en ella.

Sin ritos de iniciación, muchos varones encuentran dificultades más adelante en la vida para identificarse con el concepto de «ser hombre». Muchos hombres adultos no tienen ni idea de en qué consiste «ser hombre» y su desconexión de la virilidad es uno de los factores más significativos –y soterrados– que contribuyen a la depresión y las dificultades que experimentan en su vida.

A menudo, si un hombre baja la guardia emocional, los demás suelen considerarlo un «mariquita». Si tiene en cuenta la moral y las emociones en vez de únicamente la lógica, se lo considera débil. Si habla del trauma que el patriarcado y la misoginia han causado a las mujeres, le dicen que es un traidor al sistema de hermandad que mantiene a los hombres en el poder. Si infringe alguna de estas reglas tácitas de masculinidad, otros hombres suelen frenarlo rápidamente y la pauta de comportamiento sigue avanzando. La buena noticia es que hay hombres buenos en este mundo que trabajan para cambiar estos comportamientos.

¿Qué les falta a los hombres?

Durante miles de años, nuestros jóvenes tenían tareas como alimentar a los animales, cuidar la tierra, plantar y cosechar, cazar, recolectar y otras responsabilidades que apoyaban la vida del hogar y contribuían a la comunidad. En la época actual, nuestros jóvenes tienen poca o ninguna responsabilidad personal que apoye, nutra o proteja directamente a sus familias o vecinos.

Cuando un joven llega a la edad adulta sin tener ninguna responsabilidad de nutrir, mantener o proteger a su familia, su comunidad o su entorno natural, la desconexión de esas responsabilidades puede manifestarse en forma de egoísmo, mezquindad, apatía y prejuicios. Estos hombres adultos tienden a enfadarse muy pronto y culpar a los demás. El mundo de hoy en día necesita con urgencia que los hombres se curen de este trauma ancestral, pues está contribuyendo a la pandemia mundial de misoginia y patriarcado. Una lección clave para convertirse en hombre es tomar responsabilidad, concretamente aprender a ser consciente desde la juventud hasta la edad adulta de que en última instancia, él es el responsable de sí mismo. Esto no significa ser egoísta o egocéntrico, sino que somos responsables de nuestra vida, así como de aquellas personas y situaciones que están relacionadas con nuestra vida. El camino de vuelta a esta comprensión de la responsabilidad última comienza con tres comportamientos:

1. **Proveer**. Soy responsable de proveer a los demás y a mí mismo de buena manera.
2. **Nutrir**. Soy responsable de ayudar a los demás y a mí mismo a desarrollarme correctamente.
3. **Proteger**. Soy responsable de la seguridad y el bienestar de los demás y de mí mismo de buena manera.

Cuando los varones no se sienten responsables de estos tres comportamientos principales, sufren una falta de virilidad y vitalidad, y su luz interior se oscurece. Para un varón, el pensamiento indígena consiste en pensar en términos de proveer, nutrir y protegerse a sí mismo, a su pueblo y a la Madre Tierra.

LA MEDIDA DE UN HOMBRE

Antiguamente, cuando una joven de una tribu de las Llanuras del Norte estaba preparada para casarse, se lo hacía saber a su padre. Su marido sería elegido por ella, pero el padre tenía que dar su aprobación. Para ello, el pretendiente se acercaba al padre y daba a conocer sus intenciones, y si era una pareja aceptable para la hija, el padre le proponía un reto.

El reto que el padre proponía al pretendiente puede parecer engañosamente simple para aquella época de la historia y habría sido algo así como «trae a nuestra familia un búfalo» o «tráenos cuatro caballos del pueblo pawnee». Sin embargo, cazar un búfalo o robar caballos a otra nación de feroces guerreros eran hazañas que ponían en peligro la vida, y la capacidad para hacer estas cosas indicaba claramente cómo se había educado al hombre, desde la niñez hasta la madurez.

Para cazar un búfalo, el hombre habría tenido que aprender de los demás hombres de su aldea a golpear una punta de flecha con pedernal. Aunque parezca una habilidad básica para la época, habría tenido que hacer miles de puntas de flecha para aprender a fabricar con pericia una punta que pudiera penetrar en el pelaje lanoso y la gruesa piel de un búfalo. Y luego habría tenido que pasar muchos años aprendiendo a fabricar el astil de la flecha, a preparar la madera para hacer el arco, a elaborar el tendón para la cuerda y a emplumar la flecha con un tipo específico de pluma para cada tipo de animal; haciendo cientos de expediciones de caza guiadas por los mejores cazadores del campamento, y realizando decenas de miles de tiros efectuados con el arco para ser capaz de lanzar con precisión la flecha en el momento justo. Esto significaba experimentar los accidentes que ocurrían al cazar, sobrevivir a los elementos imprevisibles y participar en partidas de guerra adentrándose en territorio enemigo y acumulando hazañas. Por no hablar de todas las historias, lecciones, canciones, habilidades y sabiduría que se aprendían haciendo todas estas cosas durante los muchos años de crecimiento.

La «simple» petición de un búfalo o unos caballos era en realidad una profunda prueba de valor, habilidad y coraje que permitía a un padre decidir si otro hombre era digno de casarse con su hija. Si este era capaz de semejante tarea, significaba que había cumplido sus ritos de iniciación con honor y que sería capaz de mantener, nutrir y proteger a su familia y a su comunidad.

VIRTUDES INDÍGENAS: *OHÓLA NA YUÓNIHAŊ* – RESPETO Y HONOR

La palabra *superior* hace referencia a la energía espiritual de Arriba. Por eso la utilizamos para designar ciertos conceptos, como significado superior, poder superior, yo superior, conocimiento superior, etc. Muchas de estas palabras se unen al término *superior* para marcar una diferencia clara entre el significado mundano y el espiritual. *Superior* se refiere directamente a cómo pensamos de nosotros mismos y cómo pensamos de los demás con respecto a ese lugar espiritual.

El respeto y el honor están asociados a la dirección sagrada de Arriba porque guardan relación con el poder de nuestro yo superior o el respeto a nosotros mismos.

Ohóla – Respeto

El respeto es el sentimiento interno que tenemos hacia alguien o algo cuando lo admiramos desde la distancia por cómo se muestra en el mundo. El respeto no se da gratuitamente; se gana. Y, al igual que la integridad, puede llevar mucho tiempo ganarlo y un instante perderlo.

El respeto a uno mismo se refleja en cómo pensamos sobre nosotros mismos, cómo nos hablamos, cómo cuidamos nuestro cuerpo, cómo hacemos lo que nos apasiona, cómo pedimos ayuda cuando la necesitamos, cómo confiamos en nuestra intuición y cómo establecemos y mantenemos límites para nosotros mismos. El amor propio es la forma en que asumimos la responsabilidad de nuestra vida y sabemos que nos valoramos y nos queremos.

Todas nuestras pequeñas y vergonzosas imperfecciones dejan de parecernos tan importantes cuando contamos con un amor propio firme. Tener la valentía y el amor propio de ser tal como somos es la mejor manera de mostrarnos y contribuir al mundo.

Yuónihaŋ – Honor

Honor es cuando salimos de nuestra zona de confort para mostrar a alguien o algo que lo respetamos, queremos y apreciamos por lo que es o por lo que ha hecho. Una de las formas mejores y más fáciles de aprender las lecciones del honor es expresar nuestros sentimientos en lugar de callarlos. Honramos a nuestros antepasados preparándoles un plato espiritual de comida, honramos a nuestros seres queridos diciéndoles todo lo bueno que apreciamos en ellos, y podemos honrar a las personas con las que nos cruzamos en nuestra vida cotidiana haciéndoles saber que las respetamos por lo que son o por lo que han hecho.

Cuando honramos a los demás, provocamos una poderosa cadena de acontecimientos, pues cuando otros nos ven expresar honor, pueden sentirse inspirados a imitarnos. Hace falta valor para honrar a alguien o algo, porque es difícil superar la densa energía de nuestra autoconciencia y exponerse a expresar nuestros sentimientos sin esperar nada a cambio. Sin embargo, no buscamos la perfección. Solo estamos progresando en el proceso de autorrealización superior que forma parte de la reverencia que sentimos por nuestra vida aquí en la Tierra.

ASPECTO PERSONAL:
WÓOHOLA – REVERENCIA

La reverencia es nuestra forma de mostrar al mundo espiritual que reconocemos su existencia. Es frecuente mencionar la palabra *asombro* cuando se habla de reverencia, y probablemente sea porque la reverencia nos inspira a pensar más allá del yo y a apreciar todo lo que hay al otro lado de este mundo y de esta vida. El acto de reverencia espiritual procede de todas las virtudes y valores de la rueda de la medicina: modestia, humildad, empatía, compasión, gratitud, generosidad, honradez e integridad, entre otras.

Podemos mostrar reverencia por muchas cosas, incluida la naturaleza o una persona, grupo o época de la historia en particular. Y asimismo debemos mostrar reverencia por nuestros antepasados del otro lado. Tus antepasados te protegen. Te ayudan a despejar los obstáculos que se te presentan, te envían claridad y te guían con manos invisibles.

Una de las formas en que los pueblos indígenas honran a sus ancestros es ofreciéndoles comida. Cuando comemos, nuestros antepasados comen con nosotros. Esta costumbre se remonta a miles de años atrás en casi todas las tribus indígenas de todos los continentes. Cuando los lakota preparan comida para sus antepasados, la llaman *waéglepi*, 'plato o comida espiritual'. La comida espiritual tiene la capacidad de mantener un canal de comunicación silencioso entre nosotros y nuestros antepasados y hacerles saber que están invitados a nuestra casa o reunión.

Cualquiera puede practicar esta antigua forma de rendir reverencia a nuestros antepasados con la comida espiritual.

Solo tienes que tomar una pequeña cantidad, como la que cabe en un tenedor, de cada alimento que vayas a comer y colocarla en un cuenco pequeño, en un plato o incluso en una servilleta. Vierte también un poco de agua, café o lo que estés bebiendo: una cantidad del tamaño de una cuchara bastará.

Algún día, nosotros también seremos antepasados.

Los antiguos dicen que nuestros antepasados reconocen este acto de reverencia porque les hace saber que pensamos en ellos y somos conscientes de que siguen con nosotros. Recuerda que, con el tiempo, nuestras vidas terminarán en este mundo y volverán a empezar en el otro lado. En ese momento, podremos ver a nuestra familia terrestre desde allá y ellos nos harán saber que saben que seguimos presentes cada vez que sirvan un plato espiritual para nosotros.

PRÁCTICA ESPIRITUAL:
IHÁŊBLA – SUEÑO ESPIRITUAL

Numerosas culturas indígenas mantienen una relación íntima con el mundo de los sueños. Trabajan de forma intencionada con ellos como parte de su vida cotidiana para conectar con el Gran Misterio y el reino espiritual. Muchas personas acuden a líderes espirituales nativos americanos para que las ayuden a interpretar sus sueños porque practican el sueño lúcido, o lo que los lakota denominan soñar con espíritus. Pero esta práctica no es exclusiva del pueblo lakota: el mundo de los sueños está al alcance de cualquiera. Hay personas que encuentran significado en sus sueños y sueños que encuentran a quienes necesitan significado.

Los antepasados nos dicen que el sueño espiritual fue una de las formas en que nuestros antepasados se comunicaron entre sí durante miles de años. Así es como los curanderos de la época se enviaban conocimientos sobre las estrellas, transmitían el diseño de las pirámides, curaban a distancia o se enviaban advertencias. Muchas de las cosas que hacen que los ingenieros, arqueólogos, historiadores y antropólogos de hoy en día se rasquen la cabeza, perplejos, pueden atribuirse a esta costumbre ancestral de soñar con espíritus de los indígenas.

El sueño espiritual no es difícil, pero, como todo lo que queramos dominar, requiere dedicación y práctica constante. Es probable que, en un momento u otro, todos hayamos tenido un sueño impactante, en el que volábamos o hacíamos algo que parecía tan real que nos costaba discernir si estábamos en la realidad cotidiana o en el mundo de los sueños. Cuando esto ocurre es tan asombroso que nos quedamos atónitos ante la fenomenal experiencia.

Ahora imagina que pudieras permanecer consciente en ese sueño mientras tomas decisiones y realizas acciones intencionadas: eso es un sueño lúcido. Podrías volar al sitio que decidas en lugar de dejarte arrastrar al azar. O podrías mantener una conversación significativa con alguien en lugar de conformarte con fragmentos de frases o actividades que te resultan incomprensibles. Asimismo, podrías recibir información directamente del reino de los espíritus. Con el tiempo, aumentarías tu capacidad de soñar intencionadamente para traer información útil a nuestro reino físico.

Cómo iniciarse en el sueño espiritual

Esta noche, cuando te acuestes, repítete lo siguiente: «Recordaré que estoy soñando». Mantente concentrado en esta frase y no dejes que otros pensamientos te distraigan. Sigue repitiendo esto en tu mente mientras te duermes. Este recordatorio de darte cuenta de que estás soñando se trasladará subconscientemente a tu estado de sueño. Cuando te quedes dormido y seas consciente de que estás soñando, tienes que hacer algo en el sueño para comprobar en qué realidad estás. Por ejemplo, puedes pellizcarte. Si no sientes dolor, sabrás que estás en el mundo de los sueños. Una vez que seas consciente de que estás en este estado de sueño, puedes explorar intencionadamente tus sueños y experimentar con el hecho de no estar sujeto a las leyes físicas. Puedes establecer cualquier intención que desees.

¡Practica, practica, practica! Al igual que con el patinaje sobre ruedas o sobre hielo, es posible que la primera o la segunda vez que lo intentes no te salga tan bien, pero una vez que lo domimes, ¡te preguntarás por qué no lo hace todo el mundo! Mientras soñamos espiritualmente, podemos ordenar al universo que despeje los obstáculos y nos proteja de cualquier daño (tanto conocido como desconocido) en nuestro estado de vigilia. Podemos pedir claridad o favores para nosotros mismos, nuestra familia y el resto de los seres de la Madre Tierra. Podemos pedir que se alivie el sufrimiento de quienes experimentan abusos, enfermedades, guerras u opresión. Entonces, con la práctica, cuando estés despierto y necesites una solución, de algún modo sabrás exactamente qué hacer, como si la respuesta te viniera dada. Muchas veces no tendrás que hacer nada, porque el mundo espiritual habrá enviado la energía necesaria para que la cuestión se resuelva por sí sola sin ningún esfuerzo por tu parte.

HÁU, MITÁKUYE OYÁS'IŊ

Capítulo 7

KHÚTA – ABAJO
La fuente de la vida

La Madre Tierra es la fuente de la vida, no un recurso.

—JEFE ARVOL CABALLO QUE MIRA

Las selvas y los bosques son los pulmones de la Abuela Tierra. Los giros oceánicos mueven el viento, que es el aliento de la Abuela Tierra. Los arroyos, ríos y océanos son su sistema vascular. El agua que los recorre es la sangre de la Abuela Tierra. Y la tierra bajo nuestros pies es su carne. La Tierra tiene su propia fisiología en todos los sentidos.

Cuando hablamos de la dirección sagrada de Abajo, nos referimos a las enseñanzas y medicinas indígenas de la Abuela Tierra que constituyen la fuente de toda vida. La Abuela Tierra teje la historia de la vida en la Tierra y el Creador le proporciona el hilo.

LA ABUELA TIERRA

Nuestra relación espiritual, no física, y nuestra relación viva, física, con la Tierra están asociadas a la Abuela Tierra. Así que, a la manera lakota, cuando nos referimos a nuestra Abuela o a nuestra Madre, hay un entendimiento tácito de que estamos honrando nuestra relación sagrada con la tierra.

Cada uno de nosotros es un hijo único y un descendiente vivo directo de la Abuela Tierra. Cada uno representa un hilo vivo de la humanidad que está entretejido con el reino espiritual y el mundo físico de la Abuela Tierra. Todos juntos, reunidos bajo este entendimiento, formamos este tejido de existencia. Todos compartimos la misma madre; todos estamos unidos y todos somos una nación.

ENERGÍA ELEMENTAL: *YUWÍŊYAŊ S'E* – FEMENINO

La Abuela Tierra representa la energía espiritual de lo femenino y alberga los espacios sagrados para todo aquello que nos hace humanos; posee el espacio donde rezamos y ofrecemos gratitud al Creador, así como el terreno donde cultivamos nuestros alimentos y cosechamos nuestras medicinas. Es la energía femenina amorosa que nutre a los que regresan en el vientre de las mujeres y santifica la tierra donde enterramos a nuestros seres queridos cuando vuelven a casa. La Abuela

Tierra bendice el suelo donde celebramos nuestras ceremonias y donde les damos nombre a nuestros hijos y nos convertimos en familia. Ella conserva la medicina de lo femenino que es lo que realmente nos permite *vivir*.

La energía de lo femenino es el útero espiritual que contiene la fuerza vital de la Tierra y de todo lo que hay sobre ella. El poder de lo femenino es incalculable, y por eso las estructuras de poder del patriarcado han hecho desesperadamente todo lo que estaba en su mano para suprimir la Verdad de lo femenino durante miles de años. Sin embargo, es demasiado poderoso para reprimirlo para siempre, y estamos entrando en la era humana en la que la energía masculina deja paso a la femenina. Y ya era hora. El futuro es femenino.

Tenemos que alentar y alimentar el surgimiento del poder femenino en agradecimiento por todas las bendiciones que su energía espiritual nos ha otorgado. Lo hacemos apoyando a nuestras mujeres; animándolas a mantenerse en su poder, respetando su razonamiento igual, si no superior, reclamando espacio para su energía y su voz, y elevándolas a los puestos más altos de las estructuras de poder para que rejuvenezcan nuestros sistemas y procesos espiritualmente deteriorados. La salvación de la humanidad estará dirigida por el poder de lo femenino.

TEJER LAS PALABRAS

Filipinas es un país formado por más de siete mil islas y múltiples culturas indígenas. Los filipinos son maestros tejedores de renombre mundial y sus tejidos invocan patrones y simbolismos que representan a sus antepasados, el folclore, la espiritualidad basada en la naturaleza y otros aspectos diversos de su hermoso modo de vida. Antiguamente, en algunos pueblos, las niñas pasaban por ritos de iniciación tradicionales a través del arte de tejer. Desde muy pequeñas, se sentaban con sus madres mientras estas cosechaban, raspaban, enjuagaban y batían el material vegetal hasta convertirlo en fibra fina. Se sentaban con otras mujeres de la aldea cuando trabajaban con los minerales de la tierra y los taninos de las cortezas para hacer el tinte del hilo y observaban y aprendían mientras se montaban los intrincados telares. A lo largo de su vida, se enviaba a las niñas a pasar tiempo con las tías, las abuelas y otras mujeres custodias de la sabiduría de la aldea para sentarse a hablar y aprender sobre el tejido, y estas mujeres prestaban gran atención a cuándo compartir lecciones e historias específicas con ellas a medida que iban creciendo.

A lo largo de cada etapa de la vida, las niñas aprendían a tejer para elaborar tejidos y otros objetos, pero había una labor que continuaban ejerciendo durante toda su vida: el arte de hacer cestas con fibra vegetal. Se tardan muchos años en dominar el arte de tejer cestos. Se dice

> que en el momento en que una niña se convierte en una
> mujer joven y es capaz de tejer fibra vegetal tan fina que
> sus cestas pueden contener agua es cuando está prepa-
> rada para formar una familia.

VIRTUDES INDÍGENAS: *WÓWAČHAŊTOGNAKE NA OTÚȞ'AŊ* – GENEROSIDAD Y RECIPROCIDAD

Wówačhaŋtognake – Generosidad

El *sentido* de la vida es descubrir lo que nos apasiona y, una vez que lo descubrimos y desarrollamos nuestro don, el *propósito* de la vida es compartirlo con los demás. Lo que nos viene dado de forma natural es nuestro don, un don que probablemente hemos practicado a lo largo de muchas vidas. La forma de «compartir el don» es integrarlo en nuestra manera de caminar por este mundo y hacer que nos sirva para mantenernos, no solo a nivel económico, sino también espiritualmente, así como en nuestro recorrido por la Senda Roja.

En la Senda Roja, cuando damos algo, nunca sentimos que se nos deba nada a cambio. La propiedad es un concepto totalmente ajeno a nuestra cultura, ni siquiera entendemos la propiedad de las ideas y el conocimiento. En la cultura occidental, en cambio, cuando alguien tiene una idea, le pertenece: está patentada, tiene derechos de autor; es suya. Sin embargo, en las culturas indígenas, juntamos nuestras cabezas y compartimos ideas, y si alguien toma una idea y la lleva a cabo, lo vemos como un préstamo, no un robo, pues no hay propiedad de la idea. Lo que se piensa es que esa idea no es mía; yo solo soy la persona a través de la cual ha surgido. Otro puede tomarla prestada, pero no poseerla; ni siquiera yo puedo adueñarme de ella.

Este tipo de generosidad, que no incluye el concepto de propiedad, podría convertir nuestro mundo en un lugar diferente. Aunque, para ello, es imprescindible que nos cuidemos a nosotros mismos. Ser generoso es bueno, pero siempre que por ello no se resientan nuestra propia salud, felicidad o bienestar. Recordemos que no es necesario ser mártires. Primero debemos ser generosos con nosotros mismos, y esto empieza por ser generosos con nuestro espíritu. De lo contrario, es solo cuestión de tiempo que nuestro espíritu emerja para expresarse, y puede que no estemos en una etapa de la vida o no tengamos la capacidad de conciliar las necesidades de nuestro espíritu. Es entonces cuando la vida puede volverse complicada.

Otúȟ'aŋ – Reciprocidad

La reciprocidad es como un eco. Cualquier cosa que pongamos en el mundo volverá a nosotros multiplicada, por eso la reciprocidad es tanto la causa principal de nuestro sufrimiento personal como el secreto de la abundancia. Con las relaciones apropiadas en el entorno adecuado, el intercambio recíproco de energía espiritual crecerá exponencialmente hasta que se produzca un fenómeno verdaderamente asombroso: un estado de equilibrio divino. Esto ocurre cuando la energía espiritual se nutre y hace crecer a sí misma en un circuito completo y es otro ejemplo del Aro Sagrado de la Vida.

En Standing Rock, durante los meses que duró la protesta contra el oleoducto Dakota Access, había un montón de leña del tamaño de una casa pequeña. A medida que el año se volvía más frío y muchos intentábamos mantenernos calientes, cabría esperar que esa madera se agotara. Pero junto a ella había un cartel que nos recordaba la reciprocidad: «Corta tres, toma dos». Y gracias a esta forma de vivir en comunidad, siempre había leña más que suficiente para todos los que la necesitaban. En Standing Rock se había reunido gente de muchos países y un simple cartel creó una forma de actuar que se extendió a todos los que acampaban y consiguió que todo el mundo satisficiera sus necesidades y siempre hubiera suficiente.

LAS TRES HERMANAS

Una de las historias más antiguas de la Isla de la Tortuga es el cuento de las tres hermanas: Maíz, Alubia y Calabaza. La hermana mayor es alta y fuerte, con gráciles hojas verdes y mechones de pelo dorado y sedoso que brotan de sus frutos envueltos. Se llama Maíz. La hermana mediana es muy alegre y vivaracha, con enredaderas rizadas que trepan y rodean a su hermana, Maíz, lo que ayuda a que esta se mantenga firme frente al viento y resguardada de los elementos. Se llama Alubia. La hermana pequeña es curiosa y juguetona, gatea rápidamente y explora todo el suelo. Tiene hojas anchas y le encanta hacer sonreír a la gente mostrándoles sus alegres capullos amarillos. Se llama Calabaza.

Las tres se quieren de esa forma mágica que solo las hermanas comprenden. Cuando se plantan juntas, sus vidas se entrelazan de tal modo que el amor que se profesan es recíproco, y la abundancia de ese amor fraternal beneficia al mundo que las rodea. La Hermana Maíz no solo proporciona fruta y grano, sino que ofrece su robusta forma para que la Hermana Alubia trepe y alcance el sol que necesita para desarrollar su amplio fruto con el que alimentar a los seres humanos. Las raíces de la Hermana Alubia ofrecen nitrógeno a la tierra de abajo y sus zarcillos estabilizan a la Hermana Maíz por encima del suelo. Su hermana pequeña, la Hermana Calabaza, crece a los pies de la Hermana Maíz y la Hermana Alubia, donde da sombra al suelo con sus anchas hojas para ayudar a mantener la humedad en la tierra y protegerla de las agresivas malas hierbas. La abundancia de su cosecha proporciona a los indígenas la energía, las proteínas, las vitaminas y los minerales necesarios.

Las tres hermanas nos enseñan el poder de corresponder al amor con la mayor firmeza posible.

ASPECTO PERSONAL:
WAKȞÁŊ – LO SAGRADO

¿Cómo sabemos cuándo algo es *wakȟáŋ* o sagrado? En la espiritualidad de los nativos americanos, si todo está interconectado, ¿no tendría sentido que cada cosa de la Madre Tierra fuera sagrada?

De hecho, sí. Los seres de dos piernas debemos comprender nuestra íntima conexión entre paisaje y espiritualidad. Esta comprensión constituye el eje central de las sociedades indígenas. Creemos en un universo en el que los seres sobrenaturales existen en el mismo tiempo y espacio que los humanos y nuestro mundo natural. Los lugares sagrados existen simultáneamente como realidades visibles e invisibles. Es decir, viven sin ser vistos, pero conocidos, dentro de un lugar físico visible para los indígenas.

Uno de esos lugares para el pueblo lakota y muchas naciones indígenas es Matȟó Pahá-Bear Butte, en Dakota del Sur. Esta montaña es un lugar sagrado.

Para los lakota, Bear Butte ha sido durante mucho tiempo un lugar donde celebrar reuniones del consejo y ceremonias como las búsquedas de la visión y las danzas del sol. A mediados del siglo XIX, el padre de Caballo Loco, un gran hombre sagrado, subió a Bear Butte para buscar orientación espiritual en una búsqueda de visión.

Se dice que *Wakȟáŋ Tȟáŋka* se apareció ante el hombre sagrado en forma de oso y le dio poder para superar obstáculos y derrotar a sus enemigos. El padre de Caballo Loco pidió que se concedieran los mismos dones a su hijo. Tras este don, la montaña pasó a llamarse Bear Butte* o Mata Paha.

La historia de Bear Butte es rica, además de real; cerca de ella se han descubierto artefactos que datan de hace diez mil años. Por todo el perímetro de Bear Butte se encontraron

---

* N. del T.: Cerro del oso.

anillos tipi, además de rocas, o clariones, que los lakota colocaban a lo largo de la cima de la montaña para marcar distancias y ofrecer plegarias. Muchas personas sienten una profunda conexión espiritual al visitar el lugar.

Los indígenas hablan de que esta montaña es un espacio liminal, un lugar entre dos reinos.

Podemos acercarnos a este lugar sagrado para percibir lo divino, pero creemos que cambiar el paisaje físico en estos lugares perturba a la Abuela Tierra. Lo consideramos una profanación.

Todo lo que es natural es sagrado; solo hace falta salir de la niebla de nuestro limitado sistema de creencias humanas para comprenderlo. El concepto de *wakȟáŋ* –o lo sagrado– no tiene en modo alguno un significado religioso. Sustituye a toda religión, pues es la encarnación de la verdad y el propósito originales de todo lo que es.

Honrar lo sagrado

Ahora. Está aquí

Mira a tu alrededor

De la enfermedad de saquear nace la destrucción

Por favor, basta de fingir, estamos despertando

La explotación es un cáncer, no una respuesta

Y diga lo que diga la tribuna, no todo vale

No es así como debe ser

Tampoco es como ha sido

ni mucho menos como será

Todo está conectado

Tomar de la vida es tomar de la totalidad de la vida

Tu vida. Mi vida. Nuestra vida

Tomar sin dar es matar

La reciprocidad honra a toda la creación

Una Nación. Todas las Naciones

La «reconcili-acción» puede curar a cada facción

Respeta

donde nos cruzamos

Hasta el insecto más pequeño, honra a toda la carne

Cada historia vivida se enfrenta a la muerte

Aprecia cada aliento

Aún queda esperanza

Hay amor, hay curación, hay milagros

Esto es lo que sabemos

Este es nuestro viaje

Cada uno de nosotros es el héroe. El milagro. El centro
del cambio. El centro de la elección

Mi (nuestra) próxima elección es la elección de la que
nuestros antepasados contaban historias

Lo que elijo (elegimos) en este momento presente lo es
todo

¿Estamos eligiendo cuidar el jardín de la VIDA?

Unirnos a través de la VIDA

o unirnos a través de la muerte

Siempre estamos juntos

Recuerda

Todo lo demás es ilusión

Nacemos de la Madre, volvemos a la Madre

Sin miedo

El Gran Espíritu danza en ciclos

Nacimiento y muerte se encuentran en cada punto

En cada momento. Círculo completo

Se restablecerá el equilibrio

—Unity Sferrazza

PRÁCTICA ESPIRITUAL: *WAKȞÁŊ OKÓ* – ESPACIOS SAGRADOS

Existen dos espacios sagrados importantes para mantenernos espiritualmente enraizados: nuestros espacios interiores y nuestros espacios exteriores. Esto también puede referirse a nuestro subconsciente y a nuestro consciente. Aunque nos resulta fácil apreciar la impresionante belleza de los inmaculados paisajes naturales de la Madre Tierra, a menudo prestamos poca atención a nuestros ambientes interiores, que es donde pasamos la mayor parte de nuestras vidas. A pesar de que pasamos muchísimo tiempo bajo techo, nuestros espacios interiores suelen ser muy poco saludables. La gran mayoría de los arquitectos de las últimas décadas han diseñado los espacios vitales sin comprender cómo se mueve la energía e ignorando el hecho de que nuestros espacios domésticos deben ser lugares sagrados. Hay excepciones, como la obra maestra de Frank Lloyd Wright, Fallingwater, en la que integra de forma brillante el interior y el exterior en una casa. Pero casi todos se limitan a diseñar nuestros espacios para que sean mínimamente funcionales. Esto incluye las casas de gama alta, que pueden tener más metros cuadrados, techos más altos y mejores electrodomésticos, pero desde luego no se les presta atención espiritual. No basta con colocar un gran busto de Buda en el vestíbulo de una mansión para que sus habitantes se vuelvan espirituales o el espacio sea sagrado.

Sin embargo, los pueblos indígenas hace miles de años que comprenden la energía espiritual de nuestros espacios interiores y exteriores. El estudio y la práctica de armonizar espiritualmente a las personas con sus entornos interiores y exteriores es una práctica ancestral que la Abuela Tierra nos enseña por medio de la geometría sagrada. Las culturas indígenas de todo el mundo han escuchado a la Tierra en busca de orientación sobre cómo construir sus casas y cómo vestirse.

El pueblo lakota de las llanuras construyó tipis, fáciles de montar y desmontar, para permitir la caza nómada, y el pueblo de Alaska construyó casas con hielo y nieve, que les permitían resistir los largos y fríos inviernos. Todas estas casas son redondas para permitir que la energía fluya libremente y porque donde no hay esquinas, no hay donde esconderse.

Sería poco práctico tratar de abarcar la inmensa y detallada comprensión de los edificios indígenas en esta breve sección sobre la práctica espiritual de los espacios sagrados; sin embargo, las similitudes entre todos los principios indígenas de construcción y la espiritualidad indígena de los nativos americanos son sorprendentes. Todos se basan en cuatro principios: el fluir de la energía, elementos naturales, elementos de enraizamiento y aceptación curativa.

El fluir de la energía se refiere a la energía universal que mueve todo lo visible e invisible, la misma energía que los nativos llaman Espíritu o Movimiento Sagrado: *takú wakȟáŋ škaŋškáŋyaŋ*. Existe una interesante similitud entre la rueda de la medicina de los nativos americanos y el Bagua, en el sentido de que el Bagua es una forma de ocho lados que representa el mapa energético de los principios primarios del *feng shui* y la rueda de la medicina es un mapa energético circular de los principios primarios de la espiritualidad indígena nativa, incluido el Aro Sagrado de la Vida. También existe el *vastu shastra*, una práctica indígena india que se cree que precede al *feng shui* en, como mínimo, mil años. De hecho, muchas culturas indígenas de toda la Tierra conocen desde hace mucho tiempo la energía espiritual que compartimos los seres humanos con nuestros espacios sagrados.

La idea de esta práctica de reconectar espiritualmente con nuestros espacios personales es sencilla. Todo lo que se requiere es encontrar pequeñas formas de llevar la naturaleza al interior y hacernos volver a ella. El poder de nuestro santuario privado –nuestro hogar– puede ayudarnos a liberarnos de las expectativas y presiones que el mundo exterior puso sobre nuestros hombros para que podamos enraizar nuestro yo y curar nuestras heridas invisibles.

Para empezar, recurramos a la creatividad e imaginemos todas las formas en que podríamos devolver la naturaleza a nuestros espacios sagrados basándonos en nuestros sentidos de la vista, el olfato, el oído, el gusto y el tacto, así como en nuestros sentidos psíquicos. Ten en cuenta que cada uno de nosotros tiene un viaje espiritual único, por lo que todos tendremos un espacio sagrado diferente.

Waŋyáŋka – Vista

Cuando llegue la hora de renovar el espacio que habitas –y, seamos sinceros, probablemente ya sea el momento–, elige obras de arte con temas basados en la naturaleza y materiales naturales que te hagan sentir relajado, tranquilo y feliz. Lo mismo se puede decir de los objetos de tu casa, como los muebles y todo lo que tenga que ver con la decoración doméstica y exterior, como la pintura, el papel pintado, los azulejos y las opciones de diseño paisajístico. Empieza a fijarte en la iluminación de tu hogar. La iluminación puede mejorar el estado de ánimo y el ambiente, y también disminuir la fatiga ocular y los dolores de cabeza. Descorre las cortinas para que entre el sol. Deja que tus ojos se posen en las cosas bellas.

Mná – Olfato

El olor a pino tras una lluvia de verano, el olor de un perro mojado sacudiéndose después de saltar al lago o el olor de una hoguera: todos ellos son lo bastante poderosos como para evocar incluso los recuerdos más remotos. Los aromas despiertan nuestros sentidos, nos avivan y aumentan nuestra consciencia del entorno. De vez en cuando podemos añadir delicados aromas al hogar para crear otra capa de ambiente en nuestro santuario, quemando un poco de lavanda o hierba dulce y purificar nuestro espacio con salvia o cedro cuando rezamos. Podemos utilizar el olfato para elevarnos a un estado de ánimo superior de tranquilidad y energía positiva.

Naȟ'úŋ – Oído

¿Sopla el viento, cantan los pájaros o se oyen truenos a lo lejos? ¡Abre las ventanas! Puede parecer obvio introducir sonidos agradables o música para mejorar nuestro espacio y estado de ánimo, pero a menudo nuestro sentido del oído es algo a lo que no prestamos mucha atención. Nos olvidamos de cerrar los ojos y *escuchar* todo lo que ocurre en el espacio que nos rodea. Lo contrario también es cierto; si hay tráfico o una construcción cercana u otro ruido provocado por el hombre, trata de tapar ese ruido o busca un lugar en el que reine el silencio. La clave del sentido del oído es combinarlo con otros sentidos. Una buena música en una habitación con una iluminación perfecta y una vela perfumada o tener las ventanas abiertas mientras trabajamos en un proyecto que nos apasiona pueden ser increíbles para el autocuidado.

Yul-íyutȟa – Gusto

Nuestro sentido del gusto es importante, ya que está directamente ligado tanto a nuestras emociones como a nuestro sistema nervioso. Los sabores dulce, ácido, salado, amargo y umami tienen la capacidad de cambiar instantáneamente cómo nos sentimos y levantarnos el ánimo. Cuando creamos un plato que coincide con el estado de ánimo que deseamos y lo sacamos al exterior para comerlo, nos sentimos mejor. Y lo mismo podemos hacer con nuestra bebida favorita. Se trata de entender que la comida es medicina. En las reuniones servimos refrescos para bendecir a nuestros invitados con energía refrescante y revitalizar el organismo. Salir y disfrutar de los alimentos nutritivos, bocado a bocado, en lugar de comer delante del televisor o mirando el móvil, nos ayudará a reponer el cuerpo y el espíritu.

Épathaŋ – Tacto

Nuestro sentido del tacto se rige por el dolor o el placer y está presente en casi todas las partes de nuestro cuerpo. Utiliza tu sentido del tacto para experimentar placer con aquellas cosas con las que entras en contacto físico, que pueden ser simples objetos cotidianos en los que apenas nos fijamos. Podría ser la taza que utilizas para el café o el té, o los tiradores o pomos de tus puertas y cajones, o la maquinilla de afeitar del cuarto de baño. Puedes mejorar los objetos que tocas en tu casa cada día y, de paso, ¡hacer del mundo un lugar mejor! Utiliza estropajos y utensilios de cocina con mango de bambú o madera en lugar de los de plástico. Compra una maquinilla de afeitar de seguridad* y deja de tirar al medioambiente maquinillas y recambios de plástico. Empieza a hacer más cosas a mano en lugar de utilizar las comodidades del mundo moderno. Toca la comida para prepararla en vez de pasarla de una lata a un cuenco y meterla en el microondas. Es reconfortante manipular la comida, prepararla con ingredientes frescos, tocarla,

---

* N. del T.: Una maquinilla tradicional reutilizable de metal con doble filo.

bendecirla e infundirle tu amor. Cocinar e incluso limpiar puede ser terapéutico, meditativo, satisfactorio y hasta divertido cuando se hace con una intención sincera.

Naǧíksab'ič'ila Abléza – Sentidos psíquicos

Nunca debemos subestimar cuánta energía invisible nos afecta. Cuando compartimos espacio con seres sensibles, también estamos compartiendo su energía natural, y esta energía natural e invisible desempeña un papel en nuestra curación y autorrealización de formas que, quizá, ni siquiera apreciamos. Nuestros espacios sagrados son recipientes para el amor, y necesitamos alimentar y nutrir ese amor. Podemos hacerlo dedicando tiempo a pasear al perro o a tumbarnos con el gato. También podemos traer plantas de verdad a nuestra casa en lugar de plantas artificiales de plástico o cultivar nuestras propias hierbas y medicinas.

Nuestro hogar no solo puede ser una incubadora natural en el desarrollo de nuestros sentidos psíquicos, sino que compartir nuestra vida con seres sensibles a los que cuidamos y amamos ayuda a que lo negativo se desvanezca con solo invitarlos a nuestra casa. Cuando realizamos muchas actividades insignificantes poniendo en ellas una gran intención, utilizando una amplia gama de nuestros sentidos, estas actividades componen y amplifican la energía y armonizan considerablemente nuestros espacios sagrados.

HÁU, MITÁKUYE OYÁS'IŊ

Capítulo 8

HÓČHOKA – CENTRO
El centro de la vida

Saludo la luz que hay en tus ojos
donde habita todo el universo.
Pues cuando tú estés en ese centro dentro de ti
y yo esté en ese lugar dentro de mí,
seremos uno.

—TȞAŠÚŊKE WITKÓ (CABALLO LOCO)

C uando Caballo Loco dijo: «Saludo a la luz que hay en tus ojos, donde habita todo el universo», estaba describiendo el momento en que dos seres conectados espiritualmente se reconocen, como si se conocieran desde hace mil años, aunque acaben de verse por primera vez.

Cada uno de nosotros no es más que una puerta a través de la cual el Creador se expresa en nuestra imagen física particular en este instante concreto del funcionamiento cósmico del Gran Misterio. En el momento en que conoces a alguien, estás a punto de repetir una pauta o un tema recurrente en tu vida, o bien vas a experimentar algún tipo de nuevo comienzo. La luz de nuestra mirada –cuando aprendemos a reconocerla– nos indica la diferencia entre ambos.

Una vez que aprendemos a conectar con los caminos de la rueda de la medicina y con nuestro sentido natural de la espiritualidad, comprendemos que no estamos separados de la naturaleza: somos la naturaleza misma. Somos seres sensibles que están sincronizados de forma natural con los ciclos del sol, la luna, las estrellas y las estaciones de la tierra en la que vivimos. Piensa en el poder de la naturaleza. Reflexiona sobre la luna, algo con una influencia tan gigantesca que arrastra y empuja los todopoderosos océanos del mundo, tanto en forma de marea como en corrientes. Y, a continuación, plantéate: ¿cómo es posible creer que la luna no tiene ningún efecto sobre nosotros los humanos, a pesar de que en gran medida estamos creados y compuestos de agua? La verdad es que la luna nos afecta enormemente, pero muchos se han insensibilizado tanto que no sienten sus efectos. Volver a sintonizar con este tipo de energías naturales requiere práctica.

Los seres humanos no estamos separados del Aro ni ocupamos la cima de la cadena alimentaria, como nos gusta pensar, sino que formamos parte del Todo. Cuando decimos *Mitákuye Oyás'iŋ* o «Todos estamos unidos», no nos referimos solo a nosotros, los seres de dos piernas, sino a que *todos* estamos unidos: todos y cada uno de los seres sensibles de la matriz de la Abuela Tierra. Cuando rozamos una sola hebra de la tela de araña, esa energía se transmite y se siente en cada hebra y punto de conexión del resto de la tela. Las tribus indígenas del Amazonas tienen una fábula popular que enseña sobre la red de la vida, en la que una mariposa que mueve sus alas en la selva agita el viento, con lo cual crea muchas más pequeñas corrientes de aire que se dividen y multiplican y, finalmente, se manifiestan en un huracán al otro lado del mundo, unos días más tarde. La enseñanza es que *todo* está conectado y nuestras acciones cotidianas están inextricablemente entrelazadas con *todo lo demás* de formas que quizá nunca lleguemos a comprender plenamente en el momento presente.

Las estructuras de poder de nuestra sociedad actual hacen que nos olvidemos de eso que en nuestro fuero interno sabemos: que formamos parte de ese *Todo*. En cualquier parte de la Tierra, se puede ver claramente la devastación y las atrocidades que los humanos cometemos con otros seres sensibles y la destrucción que ocasionamos a la Abuela Tierra. A la mala medicina que aportamos al mundo, hay que sumar la falta de respeto y el abuso que nos infligimos mental, física y espiritualmente con los residuos tóxicos que dejamos entrar en nuestros corazones, mentes y cuerpos. Parte del trabajo vital de quienes recorremos la Senda Roja consiste en desmantelar estas dañinas estructuras de poder de todas las formas que estén a nuestro alcance.

Llegará un momento en nuestra vida en que tengamos que sincerarnos con nosotros mismos y decidir si estamos dispuestos a vivir en armonía con la Abuela Tierra o si queremos vivir para un sistema empresarial. Puede que sea la decisión más importante a la que nos enfrentemos nunca, porque lo que está en juego es encontrar nuestro Centro y vivir una vida hermosa y llena de significado.

ENERGÍA ELEMENTAL: *WIČHÓNI* – VIDA

Los *cuatro elementos sagrados*, las *siete direcciones sagradas* y los *siete valores indígenas* son conceptos que nos ayudan a pensar como los indígenas y a comprender el orden natural de la tierra y los fundamentos de su espiritualidad. Estos conceptos se encuentran en el Centro de nuestro ser y desde ahí los ponemos en práctica en la experiencia de nuestra vida cotidiana.

Sin embargo, con demasiada frecuencia vivimos tan absortos en los recuerdos de nuestro pasado y tan asustados con el terrible futuro que imaginamos que el presente se nos escapa. Cuando aprendemos a entrar en el momento presente, nos volvemos conscientes y accedemos al poder y las enseñanzas de las direcciones sagradas que nos habitan.

Al hablar del Centro, nos referimos a nuestra vida. Este es el espacio a través del cual fluyen las otras seis direcciones sagradas en todo momento. El punto más interno del Centro es donde experimentamos el momento presente, y es ahí, en el ahora, donde cocreamos conscientemente nuestra vida como parte de lo divino salvaje. En ese espacio es también donde nos alejamos de nuestro ciclo de trabajo-comida-descanso-sueño y profundizamos en la comprensión de la vida y de nuestro papel como seres humanos en esta tierra.

VIRTUDES INDÍGENAS: *WÓWIYUŠKIꞨ, THEȞÍLA, HAHÁYELA NA WÓKSAPE* – ALEGRÍA, AMOR, ARMONÍA Y SABIDURÍA

La alegría, el amor, la armonía y la sabiduría son las cuatro expresiones primigenias de nuestro espíritu, a través de las cuales descubrimos quiénes y qué somos realmente y las enseñanzas sobre cómo debemos vivir. Las cuatro direcciones sagradas del Este, Sur, Oeste y Norte llevan cada una de estas cuatro expresiones mientras atraviesan nuestro Centro.

Wiyóhiꞩyaꞩpata – Este: *Haháyela* – Armonía

Empezamos las enseñanzas de las cuatro expresiones con la armonía porque, cuando las otras expresiones de alegría, amor y sabiduría están en equilibrio en nuestras vidas, su armonía es el cimiento de nuestra inteligencia espiritual.

La armonía es el estado combinado de tranquilidad, unidad y disposición entre nuestros pensamientos, nuestro bienestar, nuestra espiritualidad y nuestra fisiología. La armonía no es la búsqueda de la perfección en estas áreas de nuestra vida, sino la consciencia y el desarrollo de nuestra relación interna con ellas, así como la forma en que extendemos esa energía espiritual al mundo. Recuerda que no estamos hechos para ser perfectos, sino humanos. La armonía es un estado de consciencia del equilibrio, no de perfección.

A menudo nosotros mismos somos nuestro mayor obstáculo para vivir de manera armónica. Como humanos perfectamente imperfectos, nos quedamos atrapados con facilidad pensando en qué o a quién debemos controlar o utilizar para nuestro beneficio personal e incluso en cómo queremos que nos vean los demás. El secreto para desprenderse de estos deseos vanos e inútiles es observar los ciclos naturales inherentes al Aro Sagrado de la Vida. Eso se consigue conectando a conciencia con la naturaleza, y al hacerlo nos fundimos con el poderoso ritmo de la vida.

Permitir la armonía consiste sencillamente en dejar de interferir y rendirnos al ritmo de la vida para que este nos ayude a cocrear nuestra existencia. El Creador es más inteligente y creativo de lo que podríamos ser jamás nosotros, y si le permitimos que siga adelante y cree, obtendremos experiencias y resultados que jamás habríamos imaginado o creado por nuestra cuenta con nuestro deseo humano de control, beneficio personal o satisfacción del ego.

Itókağata – Sur: *Wóksape* – Sabiduría

¿Qué es la sabiduría y de dónde procede? En pocas palabras, la sabiduría es la experiencia en acción. Los antiguos nos dicen que las enseñanzas del mundo espiritual viajan con el viento y que el viento nace en el Sur. Por eso la dirección sagrada del Sur lleva las enseñanzas espirituales de la sabiduría.

Escucha a la Tierra. Te habla.
Escucha al Fuego. Te habla.
Escucha al Viento. Te habla.
Escucha al Agua. Te habla.
Escucha a tu Corazón. Él sabe.
–Los Antepasados

Gerónimo, líder apache chiricahua y curandero, decía que la sabiduría y la paz comienzan en el momento en que empezamos a vivir la vida que el Creador quiso para nosotros. Sin embargo, no hace falta que vivamos en una cueva durante treinta años mirándonos el ombligo para alcanzar la iluminación. Y, desde luego, tampoco podemos esperar que la sabiduría esotérica e inabarcable del universo inunde nuestra consciencia tras una ceremonia de cabaña de sudación. La sabiduría empieza a desplegarse a medida que acumulamos las experiencias de vivir en consonancia con las leyes naturales del universo y de cómo y cuándo ponemos en marcha esas enseñanzas de nuestra vida. Seamos o no conscientes de ello, todas las vivencias que tenemos a lo largo de nuestra existencia nos están ofreciendo lo que hemos venido a aprender aquí (lo que necesitamos) y preparándonos para recibir aquello por lo que rezamos (lo que queremos).

Recuerda que el elemento sagrado del Sur es el aire. Cuando el aire se expresa, lo hace como la fuerza invisible del viento. El viento está asociado a la sabiduría, porque su naturaleza es traer mensajes, iniciar cambios, animar la vida y aportar claridad al eliminar obstáculos y despejar obstrucciones. Cuando se eliminan los obstáculos y las obstrucciones de nuestra mente, podemos comprender mejor las cosas gracias a esa claridad. Es este tipo de claridad el que cultiva la sabiduría.

Caminar con sabiduría

La sabiduría es la parte de la inteligencia espiritual que nos permite ver con claridad a las personas y las situaciones, así como una comprensión natural de la relación entre cosas aparentemente inconexas.

Ser sabio consiste en gran medida en saber lo que *no* hay que hacer, es decir, en saber cuándo hay que detenerse en lugar de actuar, elogiar en lugar de ser crítico, escuchar en lugar de hablar, etc. Por ejemplo, cuando te comunicas con un anciano indígena, notarás que habla con gran tranquilidad y que hace largas pausas entre pensamientos antes de responder a tu pregunta. Esto lo hace para permitir que su información sea escuchada y meditada y que la intención del mensaje florezca en su propio espacio. En la mayoría de las conversaciones de la sociedad moderna, muchos no escuchamos de verdad, sino que esperamos la menor pausa de nuestro interlocutor para intervenir y llenar el vacío.

Debemos comprender que una pausa no es una invitación a opinar si no se ha pedido opinión. Entender la pausa en una conversación es la diferencia entre hablar «a» alguien y hablar «con» alguien. Practica las pausas antes de hablar. Cuando hables, evalúa si lo que tienes que aportar es relevante y beneficioso para lo que ya se ha dicho o lo que ya se ha entendido. Los antiguos nos enseñan que nuestra lengua está conectada al corazón; la lección es que aprendamos a hablar con el corazón en lugar de dejar que todo lo que entra en el cerebro salga directamente por la boca. El aliento tiene poder: las palabras pueden aportar claridad, pueden curar y también pueden destruir, así que no seamos imprudentes ni derrochemos la sabiduría que encierran.

Ser sabio es sinónimo de ver la relación entre las cosas. A la hora de aconsejar, en lugar de dar consejos directos, ofrece un ejemplo que guarde relación con la situación, de modo que quien te escuche pueda alcanzar sus propias conclusiones. Muchas veces, la persona a la que aconsejas ya sabe lo que tiene que hacer; solo busca permiso para hacerlo. No podemos dárselo; ese permiso ha de venir de su interior, a través del libre albedrío. La sabiduría implica en gran medida guiar a las personas hacia su propia conclusión, en lugar de conducirlas hacia *tu* respuesta.

Consulta siempre a tu corazón para ser sincero.
–Doug Good Feather

Wiyóȟpeyata – Oeste: *Wówiyuškiŋ* – Alegría

La alegría es lo que nos eleva para que podamos alcanzar lo mejor que la vida nos ofrece. Ten en cuenta que la vida no tiene por qué ser fácil; de hecho, a veces, es necesario que sea dura y el mero hecho de vivir y comprometerse con la vida conlleva pruebas y tribulaciones que pueden arrastrarnos a la corriente submarina de un océano. Sin embargo, es la alegría lo que nos saca de esa depresión o ese sufrimiento y evita que seamos arrastrados mar adentro.

Podríamos empezar por encontrar una «boya de alegría» dentro de nuestro ser. En el océano, el estado natural de reposo de una boya es insumergible, da igual que el mar esté en calma o embravecido. Del mismo modo, cuando dejamos de resistirnos y forcejear, nuestro estado natural es flotar, tanto en el agua como en la vida. Un sentimiento insumergible de alegría puede incluso llegar a salvarte la vida en esos momentos en que todo parece imposible.

Vivir una vida dichosa

Para encontrar lo que nos alegra la vida basta con elaborar una lista de las cosas que nos hacen felices y otra de lo que hacemos prácticamente cada día, y luego comparar las dos y ajustarlas para incorporar más de lo que nos da alegría y desprendernos de lo que no. También podemos integrar la alegría incluso en las actividades más mundanas de nuestro día a día. Encontrar la alegría *es* sencillo y se vuelve más fácil con la práctica.

La pérdida de alegría –ya sea temporal o a largo plazo– suele ser fruto de nuestros juicios y expectativas sobre las personas o las situaciones. Un juicio se refiere a lo que percibimos como cierto y una expectativa, a nuestra suposición de resultados futuros. Cuando prejuzgamos algo, no damos cabida a otras posibilidades y bloqueamos todo el potencial que nos permitiría descubrir las extraordinarias idiosincrasias o serendipias que el universo nos ofrece. Hay alegría en el misterio de lo desconocido. Y cuando tenemos expectativas preestablecidas de cómo tiene que ser algo, la mayoría de las veces solo nos abocamos a la decepción.

¿Cómo es posible predecir lo que ocurrirá en el futuro? La decepción nos roba la alegría, así que liberar nuestras expectativas de cómo tiene que ser o suceder algo nos permite apreciar cómo el Creador nos ofrece lo que realmente necesitamos, que no siempre es lo que deseamos.

En la mayoría de las situaciones, nuestra alegría no correrá peligro cuando hagamos algo sin esperar nada a cambio. El mayor ladrón de alegría en nuestro mundo moderno es la epidemia de compararnos con los demás, no solo por la tristeza a la que da lugar, sino porque, además, no tenemos ni idea de cómo es realmente la trayectoria vital de los otros. Cuando deseamos tener su vida, corremos el riesgo de trasladar energéticamente a la nuestra todas las lecciones que tanto les costó aprender a *ellos*, sin obtener ninguno de los beneficios que creemos que tienen. De manera que, como suele decirse, ten cuidado con lo que deseas.

La cuestión es que es muy probable que tengas mucha más alegría en tu vida de lo que crees, pero no eres capaz de conectar con ella porque la tapan los traumas que has ido acumulando. Sanar estos traumas energéticos te permitirá descubrir la alegría que siempre ha estado ahí. Es importante recordar que toda curación en profundidad no puede considerarse realmente completa hasta que no se produzca una conexión espiritual que nos reconcilie con el pasado. De lo contrario, el trauma seguirá apareciendo una y otra vez e incluso podría manifestarse en el mundo físico como una enfermedad o un trastorno psiquiátrico. La curación procede de nuestro interior. Los curanderos, los médicos y los practicantes tradicionales solo pueden ayudarnos a redirigir y concentrar nuestra energía para facilitar nuestra salud y curación, y esa sensación de alegría que, como una boya, nos mantiene a flote, es el eje de la curación espiritual profunda.

Wazíyata – Norte: *Theȟíla* – Amor

¿Qué es el amor sino la energía vital de todo lo que existe? Fijémonos en la intensidad con que brilla a través de nosotros en nuestra vida personal. ¿Qué significa que el amor brille a través de nosotros? Significa que este sentimiento es una de las cuatro expresiones espirituales primigenias de nuestro espíritu, porque es el resultado de cómo irradiamos alegría, cómo encarnamos la sabiduría y cómo fomentamos la armonía en las diversas facetas de nuestra vida. El amor se expresa en cómo mostramos el nuestro a los demás, cómo recibimos el suyo y cómo lo comprendemos, lo asimilamos espiritualmente y trabajamos con él a medida que madura y evoluciona.

La persona con la que pasarás más tiempo en tu vida eres *tú*, y por eso es de suma importancia que aprendas a cuidarte, aceptarte y amarte ante todo a ti mismo. Es mucho más difícil de lo que parece, porque a menudo somos nuestro peor crítico, acosador y maltratador. Si queremos que nos quieran –tanto nosotros mismos como los demás–, debemos hacernos dignos de ser amados. Y nos hacemos dignos de amor cuando sanamos esas partes de nosotros de las que nos avergonzamos o que creemos que nos avergüenzan o que no merecen ser queridas.

Básicamente, debemos aprender a amar las numerosas facetas de nosotros mismos que pensamos que no son dignas de amor, incluidas nuestras debilidades emocionales e imperfecciones físicas, nuestro pasado tórrido y vergonzoso, y nuestra falta de autoestima y confianza en nosotros mismos. Cuando no hemos sanado y no nos amamos primero a nosotros mismos, maltratamos a quienes se supone que hemos de proteger, y así traicionamos aquello que deberíamos defender. Dañamos y herimos a quienes supuestamente tendríamos que amar y curar. Las personas dañadas dañan sin querer a los demás. A través de las vías indígenas de la espiritualidad natural y recorriendo la Senda Roja, podemos encontrar el camino de vuelta al amor mediante la curación de nuestras heridas y traumas morales invisibles.

PRÁCTICA ESPIRITUAL: LA REFLEXIÓN

Esta práctica requiere que te muestres tal y como eres. Te pide que te quieras con todas tus fuerzas.

Desnúdate delante de un espejo y mírate. Mírate de verdad. Date cuenta de lo que hace tu mente: probablemente te fijes en todo lo negativo de ti mismo, en todo lo que no te gusta. Esto es lo que el mundo moderno nos ha condicionado a pensar de nosotros mismos: estamos entrenados para ver solo lo peor, para juzgar y competir.

¿Qué es lo que ves? ¿Te juzgas por tu peso, tus arrugas, tu piel imperfecta o tus cicatrices? Permítete ver todo aquello que juzgas y míralo con toda la honestidad que puedas.

Ahora oblígate a pasar a lo positivo. Esto no será fácil al principio, ya que no es lo que estamos entrenados a hacer. Una vez más, nos han condicionado a fijarnos únicamente en lo negativo de nosotros mismos. Hay muchos aspectos positivos y superan con creces a los negativos, pero tal vez nos cueste verlos.

Quizá puedas mirarte las manos y darte cuenta de que son las manos capaces de tu padre. O puedas mirar tus arrugas, que te desagradan, pero recuerdes una entrañable fotografía de una abuela cuyas arrugas te encantan por lo bellamente envejecidas que está por la vida. ¿Puedes encontrar la evidencia de tu propia sabiduría y de lo bien que has vivido? ¿Puedes encontrar las líneas de la sonrisa y apreciar que un rostro sin arrugas de la sonrisa sería, de hecho, trágico? Quizá puedas mirar tus fuertes piernas y pies y recordar lo fiables que son, lo lejos que te han llevado y seguirán llevándote.

Con el tiempo, esta práctica te hará sentir más fuerte que vulnerable. Te verás de verdad, en lo negativo y en lo positivo. Amarás la totalidad de tu ser.

HÁU, MITÁKUYE OYÁS'IŊ

Capítulo 9

EL SENDERO TRIPLE

Las siete direcciones sagradas nos han enseñado a pensar como los indígenas. Pero ¿cómo podemos vivir igual que ellos? Hemos encontrado tres caminos que guardan relación entre sí para vivir en consonancia con nuestra época, al tiempo que mantenemos esta espiritualidad basada en la naturaleza.

- **El camino de las siete generaciones**. *Vida consciente* es una expresión moderna para referirse a la vieja tradición de vivir en armonía con las leyes de la naturaleza y de tomar decisiones basadas en cómo afectarán nuestras elecciones a las vidas de nuestros familiares aún no nacidos dentro de siete generaciones. También tiene en cuenta a las numerosas generaciones que nos han precedido, que son ejemplos de lo que hay que hacer y de lo que no, para que aprendamos de los errores y aciertos del pasado.

- **El camino del búfalo**. *Consumo consciente* es como actualmente llamamos a la costumbre ancestral de respetar y honrar a todos los seres de la Madre Tierra. Esto requiere que administremos la tierra de forma intencionada y reflexiva, y que aprendamos a vivir con una mentalidad circular y consciente.

- **El camino de la comunidad**. Lo que ahora denominamos *impacto colectivo* consiste en encontrar nuestra comunidad, formar parte de una comunidad de pensamiento indígena y elevar la consciencia planetaria cuando trabajamos, jugamos y rezamos juntos.

EL CAMINO DE LAS SIETE GENERACIONES

Veo un tiempo de siete generaciones en el que todos los colores de la humanidad se reunirán bajo el Árbol Sagrado de la Vida y la Tierra entera volverá a ser un círculo.

–TȞAŠÚŊKE WITKÓ (CABALLO LOCO)

Caballo Loco, un venerado guerrero lakota, tuvo una poderosa visión según la cual llegaría una época de siete generaciones, en la que todos los colores de la humanidad se reunirían bajo el Árbol de la Vida y la Abuela Tierra acogería a los corazones y las mentes de los desconectados espiritualmente para que regresaran a los caminos de su misterioso conocimiento. En esa época, habría guardianes de la sabiduría indígena que llevarían el conocimiento y la comprensión de la unidad entre todos los seres vivos y las gentes vendrían a escuchar y aprender sus tradiciones. Las enseñanzas nos dicen que la humanidad ha llegado a esta era de despertar y conexión.

Los antiguos dicen que no heredamos la tierra de nuestros antepasados, sino que la tomamos prestada de nuestros hijos. Vivir la vida según el camino de las siete generaciones significa pensar y actuar de modo que tomemos cada una de nuestras decisiones y acciones con la profunda consideración y sabiduría de nuestro pasado ancestral, nuestro impacto final sobre la Madre Tierra y las vidas futuras de los no nacidos. Las siete generaciones incluyen tanto las siete generaciones que precedieron a nuestra vida como las siete que aún están por venir. Si nos tomamos el tiempo para aprender de las numerosas generaciones de nuestros antepasados anteriores, podremos evitar errores comunes y experimentar el éxito y la felicidad más rápidamente y con mayor frecuencia. Hay un proverbio antiguo que dice: «Todas las flores, de todos los mañanas, se encuentran en las semillas de hoy». Este es un ejemplo más de que las culturas indígenas de todo el mundo –no solo las de América– conocían desde hace miles de años el camino de las siete generaciones. Y como saben los antepasados, miles de años no es mucho tiempo, tanto si retrocedemos en la historia como si avanzamos hacia nuestro futuro.

MITÁKUYE OYÁS'IŊ –
TODOS ESTAMOS UNIDOS

Un hombre lleva a su nieto a pescar por primera vez; una mujer lleva a su sobrino nieto a recoger bayas y alimentos silvestres. De este modo enseñamos a nuestros hijos el valor del cariño, la compasión y el modo de vida indígena. La primera vez que se enseña a un niño a pescar o a recoger bayas, nueces o raíces, esos alimentos se regalan a los demás miembros de la familia en una comida ceremonial especial. Todos están invitados al festín y comparten la comida recogida por el niño, excepto él, que es el invitado de honor. El niño se siente feliz porque es capaz de alimentar a la familia con su esfuerzo y puede disfrutar de la recompensa de su duro trabajo con todas las personas a las que quiere. El niño no pasa hambre, pero no se le permite comer nada de lo que ha recogido o pescado en el banquete ceremonial. Esta primera comida proporcionada por la primera caza, viaje de pesca o reunión del niño con las abuelas honra a la comunidad y al niño. Para los indígenas compartir es una forma de vida. Nadie puede sobrevivir solo. Todos estamos unidos y, por lo tanto, todos somos responsables de todos. Esta responsabilidad crea prácticas de vida conscientes.

HÁU MITÁKUYE OYÁS'IŊ

Vida consciente

La vida consciente es una forma moderna de plantearse cómo las decisiones que tomamos hoy repercutirán en las próximas siete generaciones. Con el fin de que la vida siga avanzando, debemos enseñar a nuestros hijos en sus primeros años lo que los adultos hemos aprendido durante toda nuestra existencia. Así es como evoluciona de manera positiva el sistema de creencias de una conciencia colectiva.

Esto no quiere decir que sea fácil. En el mundo actual, a veces nos cuesta ser fieles a nuestras convicciones. Todos tenemos que comprar comida, ir de un sitio a otro, pagar facturas y, en ocasiones, esas necesidades y responsabilidades exigen que dejemos de lado nuestras creencias. Quizá hagamos cosas que contradicen nuestro sistema de creencias, como comer alimentos tóxicos, conducir vehículos que funcionan con combustibles fósiles, ir a un trabajo que no tiene sentido o, peor aún, que es perjudicial o destructivo para otros seres y para el medioambiente. Nos puede costar aceptarlo, pero no estamos aquí y en este momento para perder la esperanza. El miedo y la desesperación pueden ser contagiosos; sin embargo, también lo son la esperanza y el valor. No deberíamos tener que vivir en un mundo en el que dependa de nosotros proteger nuestra salud y el medioambiente de los políticos y las empresas, pero ese es el mundo en el que vivimos. *Nosotros* somos el salvador que esperábamos, y hemos de comprender que somos los guardianes de la tierra y que debemos integrar esta realidad en nuestras vidas lo mejor que podamos y tan pronto como nos sea posible. Si no practicamos lo que aprendemos, todo el despertar espiritual del mundo no le servirá de nada a la Tierra ni a la humanidad.

Vivir en armonía con la Madre Tierra

La contaminación de la Madre Tierra no es más que el reflejo externo de nuestra relación espiritual interna con el Creador o, en otras palabras, con nuestro yo. Cuando millones y millones de personas estamos espiritualmente desconectadas de nuestro ser –no vivimos en consonancia con los caminos de la Madre Tierra ni con las leyes naturales del universo–, podemos fácilmente, como sociedad, contaminar esta Tierra sin prestar mucha atención a los resultados de nuestras acciones y decisiones.

Yo estaba convencido de que los principales problemas medioambientales eran la pérdida de biodiversidad, el colapso de los ecosistemas y el cambio climático. Creía que para resolver estos problemas bastarían tres décadas de investigación científica de calidad. Me equivoqué. Los principales problemas medioambientales son el egoísmo, la codicia y la apatía, y para abordarlos se necesita una transformación cultural y espiritual. Y esto es algo que los científicos no sabemos cómo hacer.

–Gus Speth, cofundador del consejo de defensa de los recursos naturales y exdecano de la escuela de estudios forestales y medioambientales de Yale

La primera lección para vivir en armonía con la Abuela Tierra es aprender hábitos de autocuidado y autorrealización. No podemos esperar vivir en armonía con la Abuela Tierra si no lo estamos con nosotros mismos y no podemos esperar ver cambios en este mundo si no hacemos cambios en nuestro interior. Todo cambio empieza por uno mismo. La armonía no se produce solo porque de repente elijamos estar en armonía con algo o con otra persona; comienza cuando empezamos a *trabajar* en ella.

Para sanar la tierra, debemos sanarnos unos a otros.
Pero para eso, primero debemos sanarnos a nosotros mismos.

DOUG GOOD FEATHER

¿Quieres cambiar el mundo? Pues quiérete a ti mismo. Esa es la primera y más elevada forma de acción directa. Imagina cuánta gente corrupta perdería el poder y cuántas corporaciones codiciosas se derrumbarían si todos tomáramos la decisión de querernos. Si amáramos nuestro cuerpo, no lo envenenaríamos con alimentos tóxicos ni beberíamos agua de botellas de plástico, agua que nos roban las corporaciones malvadas. Si nos quisiéramos, no dejaríamos que el complejo industrial militar provocara guerras para obtener beneficios. Y tampoco permitiríamos que la industria de extracción de petróleo y gas siguiera destruyendo el medioambiente.

***

Cuando entramos en un centro comercial, es fácil darse por vencido. Todo lo que nos rodea ha sido creado con la intención de que sea un artículo de un solo uso y desechable o diseñado intencionadamente para que se rompa y tengamos que volver a comprarlo: una táctica llamada «obsolescencia programada». Esto es una auténtica locura. Nada de lo que intentan venderte las poderosas multinacionales te permite vivir en armonía con la Madre Tierra.

Es casi imposible vivir sin participar en muchos de estos sistemas corruptos. Esta es una pura verdad del mundo tal como es ahora. Para que estos males se volvieran omnipresentes hicieron falta cientos de años, y va a llevar algún tiempo solucionarlos por completo. Así pues, si el precio que debemos pagar para acabar con la tiranía de los combustibles fósiles sucios, las prácticas alimentarias y agrícolas inmorales, las guerras interminables y los desmanes de otras industrias dañinas y destructivas es una pequeña dosis de hipocresía, que así sea. No creas que es una falsedad hacer lo que puedas y, al mismo tiempo, vivir en el mundo que tenemos. No olvides nunca que las pequeñas decisiones cotidianas que tomamos pueden cambiar el mundo.

Esta vida es un regalo y es nuestra responsabilidad respetar y proteger lo que nos da vida. Cada generación deja una huella en este planeta. Dejamos atrás algo por lo que ser recordados, y ahora mismo nos encontramos en un punto de inflexión en el que se nos recordará o bien como una generación que destruyó el planeta, como una generación que antepuso los beneficios al futuro, o bien como una que se unió para abordar el mayor problema de nuestro tiempo cambiando nuestra relación con la Tierra. Se nos pide que seamos valientes, innovadores, creativos y apasionados, para hacer surgir un mundo nuevo. Así pues, a la luz de este mundo que se derrumba, ¿qué mejor momento para nacer que este?

¿Qué mejor momento que ahora para estar vivo? Porque a esta generación le toca cambiar el curso de la historia. Los humanos hemos creado la mayor crisis que vemos en el planeta, y cuanto mayor sea el reto, más alto nos elevaremos para superarlo.

–Xiuhtezcatl Martínez, activista indígena por el clima, discurso ante la asamblea general de las Naciones Unidas sobre el cambio climático, junio de 2015

El camino de las siete generaciones consiste en vivir alineados con los caminos de la Abuela Tierra, y eso incluye pasar a la acción, independientemente de nuestras creencias políticas. Hacer lo que puedas, cuando puedas, con lo que tengas, es siempre un buen comienzo. Asumir responsabilidades es tan sencillo como dar un paso adelante y preguntar: «¿Cómo puedo servir hoy a la Abuela Tierra?». Cultivar un huerto es una acción directa. Lo mismo que es una acción directa liberarse de las deudas, expulsar a los políticos débiles y corruptos, animar a un amigo que pasa por un mal momento, hablar con el encargado de un restaurante para que elimine los envases de plástico o gomaespuma de un solo uso o negarse a participar en espectáculos de crueldad animal. En realidad, ¡el simple hecho de ser feliz constituye una de las formas más poderosas de acción directa que puedes emprender! Un cambio de comportamiento, combinado con acciones cotidianas y constantes, con la participación de muchas personas, puede cambiar el mundo... y es lo único que hasta ahora lo ha conseguido.

ACTIVACIÓN ESPIRITUAL:
AKÍČHITA – GUERRERO DE LA TIERRA

Al principio, cuando empieces a adoptar una postura y a alzar tu voz, todo el mundo se sentirá incómodo, incluso tú. Sin embargo, en una lucha no violenta, nuestra arma más poderosa es un ejército de personas afines con una chispa en el corazón nacida del mismo fuego sagrado. Nuestros enemigos son poderosos y pueden apagar una sola llama, pero no un incendio forestal. Cuando nos levantamos y llevamos la acción directa y la concienciación a una injusticia, no estamos realizando actuaciones o declaraciones polémicas con el fin de disgustar o provocar a nadie; lo que queremos conseguir con nuestras palabras y nuestras acciones es que la gente se sienta incómoda con sus privilegios y su apatía. No estamos protestando, sino *protegiendo*, y al emprender acciones directas no violentas, no peleamos contra nuestros enemigos. En realidad, lo que estamos haciendo es rezar por ellos.

Os animo sinceramente a todos y cada uno de vosotros a que os convirtáis en guerreros. Educaos. Buscad el conocimiento para salir adelante y prosperar de buena manera. Y enfrentaos a la ignorancia de los destructores de la naturaleza. Enfrentaos a ellos para hacerles saber que si destruyen nuestro territorio y a nuestro pueblo, y siguen ignorando una filosofía y unas enseñanzas que desde el principio de los tiempos permitieron que esta tierra disfrutara de una hermosa existencia natural, acabarán por destruirse a sí mismos y a la vida entera.

—Leonard Peltier, activista por la libertad y prisionero político del gobierno de los Estados Unidos

Cualquier acción directa que emprendas para mejorar a la Abuela Tierra te convierte en un guerrero de la Tierra. Los verdaderos guerreros no invaden ni ocupan otros países para desestabilizar sus gobiernos y explotar la tierra en nombre de políticos corruptos y de sus codiciosos socios corporativos. Quienes hacen esto no son guerreros, son solo mercenarios a sueldo de la opresión. La diferencia es que a un mercenario se le dice lo que tiene que hacer, pero un guerrero ya lo sabe, porque ha sido educado para cuidar del pueblo y de la tierra. Los auténticos guerreros no toman, dan. No destruyen, sino que construyen. No maltratan, sino que cuidan. No hieren, curan. No asesinan, dejan espacio para toda la vida. Ser guerrero es estar al servicio de la familia, la comunidad y la Abuela Tierra. Un guerrero está dispuesto a sacrificarlo todo para proteger el bienestar propio y el de los demás enfrentándose al enemigo. Un guerrero espiritual lucha no porque odie a la persona que tiene delante, sino porque ama a las personas que tiene detrás. Ya no es aceptable limitarse a cruzar la línea de la injusticia; debemos levantarnos y sobrepasar esa línea. Tenemos que ponernos en pie de guerra, ir al frente y actuar.

Cuando actúes en tu calidad de guerrero y te enfrentes al enemigo, llegará un momento en el que tu valor se acabará y empezará el miedo; un momento en que el miedo tendrá el control de la situación. Pero entonces, con frecuencia, sucederá algo extraordinario. Un guerrero, un caballo espiritual, se alzará dentro de ti y empezará a avanzar. En su lomo habrá coraje, y no ese primer nivel de coraje que te llevó hasta este punto. Se trata de otro nivel de energía. De algo más verdadero, más sagrado y poderoso. Una valentía así te proporciona la claridad necesaria para ver más allá de las ilusiones del mundo en el que vivimos. Es un nivel de coraje impenetrable e indestructible. En ese momento, aquellos que lleguéis hasta ese punto experimentaréis la verdadera libertad, y veréis que no hay nada igual en el mundo. Solo tienes que preguntar a cualquiera que actuara contra los nazis en los años cuarenta, que luchara contra el *apartheid* en Sudáfrica durante más de tres décadas o que desafiara al racismo como Jinete de la Libertad en los años sesenta. Pregunta a los Protectores del Agua en primera línea en Standing Rock en 2016 o a los que, también en primera línea, protegieron a personas inocentes de raza negra de la brutalidad policial y los asesinatos en los disturbios nacionales de 2020. Estos guerreros sabían que hacer lo correcto podía significar perderlo todo, pero ahora han quedado retratados para siempre con ese siguiente nivel de valentía del que te hablo. Situarte en primera línea y enfrentarte cara a cara a la injusticia te cambiará para siempre.

Ármate de valor y no tengas miedo. El hecho de emprender una acción directa contra una injusticia no significa pelear. Significa simplemente que hemos puesto nuestra oración en acción. Nunca debemos vernos en la tesitura de tener que pedir disculpas a los niños del futuro por habernos quedado de brazos cruzados mientras seres humanos espiritualmente desconectados incendiaban el mundo por intereses políticos o beneficios económicos. Las siete generaciones futuras cantarán alabanzas sobre cómo luchamos por ellos con nuestra presencia y nuestras oraciones. Cuando todo parezca perdido, ya no habrá nada que temer.

EL CAMINO DEL BÚFALO

La Nación del Búfalo y las Naciones Originarias de la Isla de la Tortuga están destinadas a compartir la misma suerte. Cuando los Búfalos del antiguo linaje original regresen y se extiendan por la tierra, también lo harán la belleza, la abundancia y la poderosa curación de los antiguos caminos.

DOUG GOOD FEATHER

El camino del búfalo trata de nuestra relación con los abundantes dones que nuestra Abuela Tierra nos ofrece cada día.

Esta forma de vida nos enseña que solo debemos llevarnos lo que necesitemos y que tenemos que aprovechar todo lo que tomemos.

Por su propia naturaleza, nuestra hermosa Abuela Tierra es increíblemente generosa. Su abundancia se encuentra siempre presente; está en todas partes y nunca falta. Cuando sentimos limitaciones y obstáculos a la abundancia, son de nuestra propia creación humana. Cuando nos encontramos en un momento de la vida en el que tenemos dificultades o nos falta algo que necesitamos desesperadamente, es hora de recordar quiénes somos y cuál es nuestro lugar en este universo. No reces por la abundancia; reza para que desaparezcan de tu mente y de tu corazón los obstáculos que te impiden ver la abundancia que ya está a tu alrededor. Solo tienes que aceptarla y dejar que cale en ti.

Son innumerables las maneras en que el universo nos provee. Cuando pasamos por momentos difíciles, es porque hemos olvidado el gran sacrificio que otros hicieron para que ahora nosotros podamos *estar* aquí. Nos merecemos estar en paz, satisfechos y a salvo para remontar el río de las aventuras de la vida. Tenemos mucha suerte. Solo necesitamos recordar lo afortunados que somos y cómo se originó esta dicha.

LA HISTORIA DEL PUEBLO BÚFALO

En lo más profundo del corazón del invierno, durante la luna en que los árboles se agrietan por el frío y en una época anterior a la Mujer Búfalo Blanco, comienza la historia de una pequeña familia que sufría enfermedades e inanición y se enfrentaba a una muerte inminente. Todo parecía perdido, así que con los últimos hilos de consciencia que le quedaban, una joven madre rezó con todo su corazón para que viniera el Creador y salvara a su familia. Mientras rezaba, la invadió un gran sopor y comenzó a soñar. Se hallaba en medio de un prado y a través de las hierbas ondulantes vio una luz dorada que se dirigía hacia ella. Entonces escuchó una voz desconocida que resonó por todo su cuerpo y le transmitió un mensaje. Fue solo un instante, pero en ese instante la voz le dijo que su marido tenía que subir al lugar más alto que encontrara y rezar para que el Gran Misterio se apiadara de su familia. Al oír esto la mujer despertó y se incorporó de golpe con un gran grito ahogado y un nuevo brillo en los ojos fruto de la revelación que acababa de recibir. Informó a su marido del mensaje y de lo que debía hacer.

El joven marido, desfallecido de hambre y casi agonizante, partió enseguida. Hacía un frío que calaba los huesos, pero aun así subió al terreno más alto que pudo. Allí pidió al Creador que se apiadara de su familia y los ayudara a seguir viviendo. Mientras rezaba con cada fibra de su ser, se levantó una gran tormenta de nieve que se arremolinó a su alrededor y el joven padre se desplomó sobre el suelo helado. Con su última fuerza vital, levantó la cabeza, justo a tiempo de ver un brillante rayo de luz blanca que atravesaba la tormenta. Creyó que era el Gran Espíritu que venía a llevarlo de vuelta a casa. Pero la luz se replegó sobre sí misma y adoptó la forma de un búfalo gigante.

El búfalo era majestuoso. Se acercó al hombre y lo contempló en un largo silencio antes de hablar.

—Querido hermano, el Creador ha oído tus plegarias y me ha enviado para ser testigo de tu sufrimiento. Al mirarte, veo que no estás preparado para vivir según las costumbres de esta tierra.

El magnífico animal rodeó lentamente al joven.

—Veo que estás helado, pero yo estoy caliente. Veo que eres débil, pero yo soy fuerte.

El búfalo acercó la cabeza al joven.

—Veo que tus dedos son delicados y no pueden cavar en busca de comida; en cambio, yo doy zarpazos en el suelo y el hielo se rompe sin esfuerzo.

El búfalo levantó su enorme cabeza y, mientras su aliento se mezclaba con el aire invernal, miró colina abajo hacia la vasta pradera que se extendía ante él.

—Sin duda perecerás, intentando vivir en esta tierra con ese cuerpo.

El poderoso búfalo se volvió hacia el hombre.

—Hermano, siento tu sufrimiento y comprendo tu deseo de vivir, así que escucha atentamente mis palabras. —Mientras el búfalo hablaba, empezó a amainar la tormenta y se pudo ver el cielo azul a través de las nubes—. Te haré esta promesa sagrada que unirá a nuestras dos naciones durante el resto de nuestros días. Tú y yo estamos ahora conectados más allá de la carne y hueso y unidos de todas las formas que el Creador conoce.

El búfalo humilló su enorme testa, conectándose frente a frente con el hombre, posición en la que compartieron sus alientos.

—Ayudaré a tu familia y a todas las familias que vengan a esta tierra después de ti, hasta el fin de los tiempos. Te daré mi piel para que puedas calentarte. Te daré mi carne para que puedas alimentarte. Te daré mis huesos para que puedas fabricar herramientas y armas con las que cavar y defenderte. Observa lo que comemos, para que sepas qué comer como alimento y como medicina. Observa cómo viajamos por estas tierras, cómo criamos a nuestros hijos y cómo vivimos en comunidad, para que tus hermanos de dos patas aprendan a prosperar y a tratarse con dignidad. Nuestro pueblo os mostrará las formas de vivir con la Abuela Tierra. –El búfalo hizo un gesto con la cabeza para que el hombre se levantara–. Hago esta promesa en nombre de todo mi pueblo de la Nación del Gran Búfalo, pero solo debes tomar lo que necesites y utilizar todo lo que te lleves y, después de recibir la bendición de nuestro vínculo, debes dar gracias al Creador por este Sagrado Aro de la Vida.

El hombre se levantó y siguió al búfalo colina abajo, hasta la pradera, y de vuelta a su familia con el regalo y la promesa del Pueblo Búfalo. Y así fue, y así es hasta el día de hoy.

HÁU, MITÁKUYE OYÁS'IŊ

Para las tribus nómadas indígenas de las llanuras septentrionales, los Pté Oyáte –el Pueblo Búfalo–, los búfalos proporcionan algo más que ropa, comida, herramientas, ceremonias espirituales, medicinas y cobijo. También son parientes a los que se honra, sin que exista ninguna distinción entre dónde acaba la fuerza vital del búfalo y dónde empieza la del ser humano.

El búfalo enseñó a los indígenas de las naciones originarias a cuidarse y protegerse mutuamente. Cuando los búfalos son atacados, adoptan una actitud guerrera y forman un círculo que mira hacia fuera. Los guerreros más fuertes de la manada están en el anillo exterior, y los ancianos, los jóvenes y los que no pueden defenderse están protegidos dentro del círculo. Es una barrera viviente de fuerza y cornamentas primordiales. Un solo empujón hacia arriba de un búfalo puede lanzar a un lobo adulto a nueve metros de altura. Cuando se desplazan por la pradera y hay un búfalo débil o herido en la manada, un grupo de otros búfalos lo acompaña para que no se sienta vulnerable y solo. Hay muchas enseñanzas de estos animales que podemos integrar en nuestras costumbres humanas, y una de ellas es ser conscientes de la causa y el efecto de nuestros actos cotidianos. Nunca dejes atrás a un guerrero.

Consumo consciente

El **consumo consciente** es la forma moderna de concebir el concepto indígena de tomar solo lo que necesitamos y aprovecharlo al máximo. Es ser intencional y reflexivo, y comprender claramente que lo que hacemos y cómo lo hacemos tendrá un impacto en nuestra Madre Tierra. El pensamiento indígena consiste en ser conscientes y asumir toda la responsabilidad de nuestro consumo personal.

Esta responsabilidad comienza cuando aprendemos sobre los productos que consumimos. Muchos tenemos poca o ninguna idea de los alarmantes detalles de cómo nos llegan los alimentos o los bienes materiales, de dónde proceden, cómo se cultivan o fabrican, adónde van a parar después de usarlos y quién y qué hay detrás de todo ello. De hecho, lo que consideramos basura o desperdicios es un invento moderno que ha aparecido como resultado de la desconexión espiritual de las gentes que han olvidado su relación con la Abuela Tierra.

En el pasado, los pueblos indígenas vivían con una mentalidad circular en la que todo lo que cosechaban o fabricaban se hacía con gran consideración e intención, desde el mero pensamiento de su creación hasta el final de su uso, estado de reposo o regeneración. Hoy en día, la cadena mundial de suministro de alimentos y bienes materiales funciona con una mentalidad lineal, lo que significa que una vez que una empresa vende sus productos, se despreocupa de lo que pueda suceder con ellos. Que una empresa fabrique un producto sin molestarse en desarrollar un plan integral para su vida útil es un acto de negligencia extrema.

De hecho, muchas empresas no se limitan a ignorar deliberadamente lo que les ocurre a sus productos al final de su vida útil, sino que los diseñan con fallos y obsolescencia programada. La finalidad de estas prácticas es conseguir que se desgasten o se rompan antes de tiempo para así forzar su sustitución y lograr que las empresas mantengan sus ventas a largo plazo. Tener una mentalidad de residuo cero no significa no producir ni consumir nada, sino diseñar, producir y consumir de forma cuidadosa e intencionada sin terminar generando residuos.

Lo mejor que podemos hacer como sociedad, cuando vemos que las empresas y los ejecutivos practican la obsolescencia programada con sus productos, es dejar de comprarlos artículos o de contratar sus servicios para ayudarles a establecer mejores intenciones y prácticas. En cambio, cuando veamos que una empresa opera con buena intención, alto nivel de calidad y conciencia colectiva de su papel en la cadena de suministro de alimentos o bienes materiales del mundo, debemos reconocer y apoyar sus esfuerzos. Al optar por elogiar y apoyar el trabajo bien hecho fomentamos una reorientación inmediata de las malas prácticas empresariales.

Podemos empezar por no comprar alimentos tóxicos e intentar adquirir solo los cultivados de forma natural que procedan de agricultores locales. Si tu supermercado local no tiene un amplio suministro de este tipo de alimentos, pídelo. Los vendedores suministrarán lo que pidan los consumidores. Al final son los consumidores los que dictan a las empresas cómo comportarse y qué crear en función de lo que gastan. Estar informado y educarse para saber qué empresas apoyan actividades contrarias a tus principios te orientará sobre cómo y dónde gastar tu dinero y emitir tu voto. Los artículos que compras, lo que ves y lo que lees contribuyen a tu consumo consciente.

Nuestra basura cuenta una historia

Si nuestra basura pudiera hablar, nos contaría una historia que trata sobre lo que los humanos valoramos o, mejor dicho, lo que *no* valoramos.

Pero imaginemos que todos generáramos menos residuos. Imaginemos que fuéramos más diligentes y ahorrativos y que nos centráramos más en la comunidad. Imaginemos que diéramos a las empresas y a los fabricantes una razón para cambiar sus envases y recuperar sus materiales después de la vida útil de un producto.

Podemos reducir drásticamente los residuos. Todos y cada uno de nosotros puede replantearse lo que consume. Incluso el simple hecho de rechazar una pajita de plástico en un restaurante o de llevar tu propio vaso a una cafetería marca la diferencia. Y, lo que es más importante, debemos rechazar todos y cada uno de los plásticos de un solo uso. ¿Qué utilizaremos en su lugar? Cáñamo. El cáñamo es la planta perfecta de la Abuela Tierra. El cáñamo es natural, no sintético, y puede curar nuestra adicción al petróleo y a otros productos nocivos e inferiores. Podemos apoyarlo como fuente de productos, alimentos, combustible, fibra, medicina y materiales de construcción. La liberación del cáñamo es la punta de la lanza en las batallas que libran muchos movimientos humanitarios y ecologistas. Como consumidores, podemos animar a los agricultores del mundo a cultivar cáñamo como parte de nuestro consumo consciente.

¿Son estos pequeños esfuerzos demasiado insignificantes y tardíos? No. Las pequeñas acciones conducen a grandes cambios, y nunca sabemos a quién vamos a inspirar para que se levante y lidere su propia (r)evolución contra una o más de las muchas injusticias a las que nos enfrentamos como familia unida.

ACTIVACIÓN ESPIRITUAL: *MAKȞÁ WÓWAŠ'AKE* – ENERGÍA DE LA TIERRA

Cada ser sensible de la tierra tiene una fuerza vital y cada fuerza vital tiene un periodo de tiempo en el que está activa y otro en el que está en reposo. Dar vueltas alrededor del Aro Sagrado de la Vida forma parte del viaje de todos los seres. Hay una razón por la que no perturbamos la fuerza vital de un ser cuando su espíritu ha fallecido y sus restos se encuentran en estado de reposo. En el fondo de nuestro ser sabemos que desenterrar a nuestros familiares de sus tumbas es la peor de las medicinas. Cuando perturbamos la armonía natural de la Abuela Tierra desenterrando sus restos –su petróleo, gas y mineral–, creamos desequilibrio, que acabará manifestándose como sufrimiento, enfermedad, muerte y destrucción.

Todos somos adictos pasivos de la industria petrolera y tenemos que aceptar la responsabilidad de este hecho. Colectivamente, debemos liderar la transición de nuestras necesidades energéticas desde los sucios combustibles fósiles hacia fuentes de energía renovables y regenerativas. La mayor amenaza para nuestro planeta es la apatía. Mucha gente supone que debe de haber un grupo de científicos trabajando día y noche en algún laboratorio secreto para salvar el planeta. Seamos realistas. Nadie va a salvarnos de nosotros mismos. No hay «alguien más» que se ocupe de nuestra basura y nuestra crisis climática. Nosotros somos los salvadores que estamos esperando y los únicos que podemos hacer algo al respecto.

Los elementos naturales no están esperando a que los humanos vengan a extraerlos –de forma tan destructiva– como recursos rentables; estos elementos cumplen otras funciones para la Abuela Tierra. Cuando los seres humanos se alejan de los caminos de la Madre, cometen todo tipo de atrocidades ignorantes, como, por ejemplo, pensar que es una buena idea construir presas o desviar el agua para controlar o cortar los canales de energía que dan vida. Tanto sufrimiento es el resultado de los humanos ignorantes que intentan controlar la energía del agua sagrada.

Piénsalo un momento. Detener las rutas migratorias de nuestros hermanos los salmones crea una cascada de desequilibrios y sufrimiento en múltiples ecosistemas. Debemos trabajar con la energía de nuestros elementos naturales, no contra ella. Una presa no es la única solución para aprovechar el poder del agua. Si no hay una fuente de agua para una ciudad en un terreno concreto, no debemos levantar una ciudad allí. Si hay una montaña sagrada en la que ningún ser humano debería construir, no deberíamos construir en ella. Se trata de conceptos sencillos que los humanos, que no entienden el espíritu de la tierra, han convertido en complicados.

La inteligencia espiritual nos dice que no necesitamos extraer combustibles fósiles dañinos para nuestra energía. Todo lo que tenemos que hacer es mirar las formas indígenas de pensar sobre vivir de una buena manera, el Aro Sagrado de la Vida, la rueda de la medicina, los caminos de la medicina y el espíritu, y las cuatro direcciones sagradas para encontrar soluciones.

Entonces, ¿de dónde sacamos energía renovable ilimitada?

ESTE: Energía solar - el sol.
SUR: Energía eólica - el aire.
OESTE: Energía hidráulica - el agua.
NORTE: Geotérmica y biocombustibles - la tierra.

Ahora hemos aprendido muchas maneras de ayudar a devolver la armonía y el equilibrio a los caminos del espíritu de la Abuela Tierra. Ella nos da abundancia y nosotros debemos recibirla responsablemente. La forma más fácil de hacerlo es utilizar la bondad, el cuidado, la conciencia y la inteligencia espiritual en cada elección que hacemos, entre ellas nuestras actividades básicas cotidianas.

La transición de una mentalidad lineal a una mentalidad circular

Una mentalidad lineal consiste en pensar en llegar del punto A (producto) al punto B (beneficio). Una mentalidad circular requiere llevar ese proceso varios pasos más allá, hasta volver al principio. Del punto A al punto B, ¿y después qué? ¿Qué pasa con toda la basura que hemos creado? ¿Qué ocurre cuando fabricamos productos con la intención de que queden obsoletos? ¿Qué hay al final de la línea de ese pensamiento lineal? Las respuestas a preguntas aparentemente difíciles se aclaran cuando pensamos en clave indígena.

Una mentalidad circular refleja la esencia de los sistemas de la naturaleza en relación con nuestros alimentos y bienes materiales. Apoya la salud y el bienestar de las comunidades en las que vivimos, cómo cultivamos los alimentos que comemos, cómo respaldamos a las personas que crean lo que utilizamos y cómo gestionamos nuestra relación espiritual con la fuente del material extraído de nuestra Abuela Tierra. Se trata de una mentalidad y un estilo de vida que respetan y reflejan cómo la Tierra crea, utiliza, nutre, recupera y equilibra sus sistemas naturales interconectados.

Esta mentalidad circular de «rueda medicinal» también trata de concienciar sobre un debate ignorado acerca de nuestro mal uso de los recursos, el impacto medioambiental que nuestra cultura de usar y tirar ha creado en el planeta y cómo podemos simplificar nuestros deseos y necesidades para devolver valor a nuestras comunidades. Se trata de iniciar un diálogo sobre el consumo consciente, de inspirarnos mutuamente y de predicar con el ejemplo en medio de nuestra actual cultura de usar y tirar. Todos podemos asumir el poder que tenemos y tomar la decisión de reducir nuestros residuos. Cuando lo hacemos, sentimos los satisfactorios efectos emocionales de desacelerar, simplificar nuestras ajetreadas vidas y devolver el sentido y el valor a nuestras pertenencias al igual que a nuestras comunidades y al medioambiente.

Hay una frase muy conocida que dice que si queremos cambiar el mundo, tenemos que ser ese cambio. Es muy sencillo, pero encierra el claro mensaje de que nuestro estilo de vida, nuestros hábitos y nuestras acciones son la base del cambio.

Nunca ha ocurrido nada por sí solo sin la dedicación individual y constante de muchas personas que actúan de acuerdo con sus convicciones.
El mundo que deseamos —que imagino pacífico, tolerante, compasivo, equilibrado y sabio— no existirá a menos que nos convirtamos en lo que queremos ver.

–ANDREA SANDERS, FUNDADORA DEL MOVIMIENTO
BIOMINDFULNESS

Para hacer este cambio, tenemos que hacer el trabajo. Tenemos que abrirnos a algo nuevo, alejarnos del ruido, las etiquetas y los encasillamientos para crear algo más grande que nosotros mismos. La forma de vivir con una mentalidad circular es imitar a la naturaleza, es decir, vivir con los sistemas naturales de la tierra. Comienza con un sentido del valor, la comunidad, la responsabilidad, la pertenencia y la simplicidad que se entreteje a través de nuestras vidas y crea el tejido de nuestras comunidades y nuestra cultura.

Ser conscientes de nuestro consumo no consiste en alcanzar un nivel de perfección de cero residuos ni es solo una actividad más en nuestras, ya de por sí, ajetreadas vidas. El consumo consciente es nuestra forma de comprometernos con nosotros mismos y con la Abuela Tierra.

EL CAMINO DE LA COMUNIDAD

¿Quieres ser duro?
¿Quieres ser un guerrero?
¿Quieres ser invencible?
Entonces enséñale tu corazón al mundo entero.

DOUG GOOD FEATHER

Las culturas indígenas se esfuerzan por identificar y honrar la identidad única de cada persona. Apoyan colectivamente el valor distintivo de cada individuo y su contribución a la comunidad. Esto parte de la idea de que todo el mundo es importante porque todos somos maestros. Debemos animar a los demás a encontrar su vocación y el papel que más les apetece desempeñar. No deberíamos juzgar a nadie, porque realmente no sabemos qué tormenta le ha pedido el Creador que atraviese. Sin embargo, responsabilizar a una persona por cometer deliberadamente faltas éticas no es juzgarla; es hacerla responsable de su papel y su comportamiento en la gran familia que formamos todos. Tal vez nos resulte complicado encontrar una comunidad que se ajuste a lo que somos y, más aún, a la función que desempeñamos. Desgraciadamente, la mentalidad del mundo actual nos anima a envidiarnos unos a otros. Es posible que si alguien es mejor que nosotros en algo, lo envidiemos un poco, pero tendríamos que recordar que esa habilidad o talento no le han caído del cielo. Ha tenido que esforzarse mucho para perfeccionar sus dones y practicar hasta convertirse en un experto. Si envidias la habilidad de otra persona para pintar o cantar, lo que estás haciendo es ignorar tus propias habilidades y talentos naturales. La solución no consiste en competir y forzarte a desempeñar un papel que no es natural para ti, sino en encontrar tu verdadera pasión, lo que te sientes inclinado a hacer, y en practicar esta habilidad hasta convertirte en un experto. De esta manera, tu papel será tan respetado y venerado como el de los demás.

Cuando los miembros de una comunidad comparten un sistema de creencias, valores y objetivos, se crea una cultura, y es entonces cuando colaboramos por el bien de la comunidad.

Impacto colectivo

Impacto colectivo es el conocimiento ancestral de que la unión hace la fuerza. Un proverbio de los pueblos indígenas dice que una sola rama de sauce es débil, pero la fuerza de muchos sauces es inquebrantable. Si unimos nuestros corazones y nuestras mentes, podremos conseguir prácticamente lo que queramos.

Encuentra tu comunidad

Cuando empezamos a pensar como indígenas y nuestra relación con la espiritualidad se va desarrollando, cada nuevo nivel de comprensión y autoconciencia crea una nueva versión de nosotros mismos. Debemos tener en cuenta que nuestros nuevos conocimientos y revelaciones espirituales pueden provocarnos una profunda insatisfacción y resentimiento con nuestra situación laboral, comportamientos personales y estilo o condiciones de vida actuales. A medida que evolucionamos espiritualmente, nuestras relaciones con los amigos, la familia, los compañeros de trabajo y nuestra pareja o cónyuge también cambian. Tu mentalidad ya no es la misma y hay gente dentro de tu círculo a la que le cuesta entender los cambios que estás introduciendo en tu vida. Cuando tengas la confianza suficiente para quererte de verdad y empieces a hacer lo que es mejor para ti, tu vida cambiará para bien; sin embargo, muchos no lo entenderán, porque antes no actuabas así. Como bien sabes, toda acción tiene una reacción y a algunos les molestará que cambies. Necesitas detenerte y dedicar unos momentos a felicitarte y a reflexionar sobre todo el tiempo que llevas en tu viaje espiritual personal, trabajando en tu autoconocimiento, mejorándote y trabajando en tu relación con la vida y el mundo. Piensa que perder una relación tiene poca importancia en comparación con traicionar a tu espíritu.

Debemos tener en cuenta que, aunque estemos expandiendo nuestra conciencia espiritual y personal, no podemos forzar a los demás a resonar con un conocimiento que aún no están preparados para recibir. De hecho, un proverbio indígena nos dice que es inútil hablar el lenguaje de las mariposas a las orugas. A veces nos costará seguir manteniendo una conexión cercana con los seres queridos que no alcanzaron aún ese nivel profundo de conciencia personal y conexión espiritual con el Gran Espíritu que estamos experimentando. Es importante tener en cuenta que alguien solo puede conectar contigo tan profundamente como haya conectado consigo mismo. De vez en cuando, la evolución nos hará dejar atrás a ciertas personas y el Creador nos llevará en una dirección diferente en la vida. Esto es parte de nuestro despertar.

Pero en este despertar, a medida que empezamos a perder la conexión con determinadas personas, circunstancias y algunos aspectos de nuestra vida convencional, es normal que nos sintamos frustrados o aislados y solos. Por esta razón, es importante que nos rodeemos de gente que esté recorriendo un camino similar al nuestro. Necesitamos encontrar una comunidad formada por individuos con ideas afines y buscar su apoyo espiritual, sus enseñanzas y sus prácticas para poder seguir avanzando en nuestra conexión con el Espíritu, nuestra autorrealización espiritual y nuestra pasión y propósito al servicio de la Abuela Tierra.

El hogar es un sentimiento

Escandinavia, en el norte de Europa, está formada por varios países, y los pueblos indígenas de esa región tienen una cultura rica. Su antigua práctica del paganismo se remonta a una de las historias espirituales más antiguas de la humanidad. Los habitantes de los países nórdicos soportan algunas de las inclemencias invernales más duras del planeta. Apenas hay luz solar que rompa la monotonía de sus largos y fríos inviernos; sin embargo, también hay una belleza mística cuando la tierra entra en su profundo letargo invernal.

Quienes viven allí han encontrado la manera de disfrutar y sentirse cómodos incluso en condiciones que a los que viven más al sur les parecerían insoportables. Entienden que el hogar no es tanto un lugar como un *sentimiento*. Los daneses y los noruegos tienen una palabra que evoca esa mágica sensación de hogar: *hygge* (se pronuncia «juu-ga»). No hay ninguna palabra en ningún otro idioma que equivalga exactamente a *hygge*, pero este término significa una combinación de comodidad, cariño, afinidad, satisfacción y sencillez. *Hygge* es el arte de crear intimidad en nuestros lugares sagrados, incluidos el hogar y la comunidad.

No se trata de un estilo de vida concreto ni algo que pueda comprarse, sino de convertir a conciencia nuestra vida en una forma de arte. *Hygge* es la simple alegría de una comida casera con amigos alrededor de la mesa, o tomarse el tiempo para una taza de té de menta frente al fuego, o acurrucarse con un ser querido y hablar de las cosas buenas de la vida. Es vivir la vida intencionadamente y honrar las pequeñas cosas que hacen que los recuerdos y la vida merezcan la pena.

Hygge tiene efectos terapéuticos. Para actuar con eficacia en el mundo y en nuestras comunidades, tenemos que asegurarnos de trabajar en nuestra propia curación antes de intentar ayudar o curar a los demás. Como digo, para sanar la tierra, debemos sanarnos los unos a los otros, pero para eso, primero debemos sanarnos a nosotros mismos. Puede que ahora sea más necesario que nunca crear un sentimiento de confort, seguridad, salud e intimidad en nuestros hogares y en nuestra comunidad

La vida en una comunidad sanadora

Para ser un miembro valioso de la familia de una comunidad, tenemos que dejar de lado el mantra del mundo moderno de «¿qué saco yo de esto?» y situarnos en el espacio de la cabeza y el corazón del bienestar colectivo. Un miembro de la comunidad debe tener un fuerte sentido de la propia identidad sin ser egoísta, egocéntrico o interesado.

Es bueno echar raíces profundas dentro de nuestra comunidad, y eso significa profundizar en nosotros mismos y en nuestro compromiso de seguir un camino espiritual.

Para ser una familia no necesitamos estar emparentados por sangre o por matrimonio. Ser una familia significa simplemente que compartimos un mismo propósito y que estamos dedicados a una misión común. Los lakota tienen la palabra *thiyóšpaye*, que hace referencia a nuestra familia extendida. Una familia se protege mutuamente con amor y comprensión incondicionales. Nos protegemos los unos a los otros, retomamos lo que el otro deja y somos fuertes los unos para los otros cuando alguien puede ser débil.

Somos humanos, así que a veces queremos controlar a la gente poniendo condiciones a nuestro amor y en ocasiones no somos tan comprensivos. Pero esos momentos son nuestras oportunidades para ayudar a que nuestra familia vuelva al verdadero significado de *incondicional* y *comprensión*. No se supone que debamos ser perfectos, pero sí que tenemos que seguir intentándolo y seguir amando incondicionalmente. Por supuesto, *incondicional* no significa ausencia de límites saludables. Convertirse en una familia lleva tiempo, así que sé paciente contigo y con los demás y respeta el proceso de llegar a integrarse en una familia.

Estar ahí

Estar ahí significa poner toda tu atención en estar presente para apoyar emocional y energéticamente a algo o a alguien, como cuando un maestro espiritual está ahí para que recordemos lo que siempre supimos, pero hemos olvidado. Sin embargo, no necesitamos ser maestros espirituales para estar presentes y ayudarnos unos a otros. Basta con que estemos ahí escuchando y observando activamente sin juzgar, actuando de tal manera que quienquiera que sea la persona a la que queremos apoyar sepa que estamos a su lado, aunque nos encontremos a miles de kilómetros de distancia. En todo el mundo, hay gente detenida como presos políticos y tenemos guerreros en primera línea, que defienden a la Abuela Tierra frente a gobiernos y corporaciones. En un terreno más personal, puede que tengamos un familiar que está sucumbiendo a los efectos del cáncer y la quimioterapia en un hospital o un amigo que esté de duelo o atravesando la ruptura de una relación. Estas son las personas con las que tenemos que estar presentes.

Para que la ayuda de nuestra presencia sea eficaz, no puede darse solo una o dos veces, o de forma esporádica, sino que tiene que ser constante. Con frecuencia, nuestra capacidad de *estar ahí* de forma solidaria será más útil que cualquier otra cosa que se nos ocurra decir o hacer para apoyarnos mutuamente en momentos difíciles.

Comunidad se compone de dos palabras: *comunicación* y *unidad*. Nos sanamos honrándonos los unos a los otros.

ACTIVACIÓN ESPIRITUAL: *ÁYA IGLÚHA* – SER SOBERANO

En lo que respecta a vivir según el camino de la comunidad, la palabra *soberano* tiene dos significados. Para ser un verdadero miembro de la comunidad, *tú* debes ser soberano dentro de ella, lo que significa que debes ser autosuficiente y fiable. Piensa en cuando te cruzas con alguien que tiene dificultades para trasladar un sofá a su apartamento o con una madre a la que le cuesta subir las escaleras o atravesar una puerta con su cochecito. Ayudar es formar parte de una comunidad, aunque se trate de personas a las que nunca volverás a ver. Y la forma de llevar tu propio peso dentro de esa comunidad es asegurarte de que, cuando te toque trasladar un sofá, hayas hecho suficientes amigos para que no *necesites* tener que buscar ayuda. Cada uno de nosotros debe actuar por su cuenta, a su manera, para ser una verdadera parte del todo. Cada uno es igual de importante. El término hawaiano para esto es *kule-ana*, que se traduce vagamente como 'responsabilidad': tienes la responsabilidad de ayudar a los demás, pero también a ti mismo.

Estamos hechos para formar parte de una comunidad. Y por naturaleza nos sentimos solos; necesitamos la compañía de los demás. Pero puede ser difícil encontrar a tu gente. Muy a menudo, no solo no ayudamos a trasladar el sofá, sino que incluso fingimos no reconocer a nuestros vecinos cuando nos cruzamos con ellos por la calle. Con demasiada frecuencia, nos negamos a reconocer la existencia de quienes creemos que no pueden hacer nada por nosotros. Debemos romper este condicionamiento y hacer el esfuerzo de relacionarnos con los demás, aunque finjan no darse cuenta de nuestra presencia. El mundo es un lugar mejor con comunidades de personas con ideas afines que se dedican a hacer el bien.

Tu comunidad está formada por quienes te rodean. La gente que vive en la misma planta de tu edificio de apartamentos, los vecinos de tu calle o quienes trabajan en la misma oficina: tu comunidad no son solo tus amigos o tu familia, son todas las personas con las que convives en tu círculo concéntrico de comunidad.

Y cuando encontramos nuestra comunidad, podemos trabajar para llegar a ser soberanos viviendo, trabajando y jugando con esa misma mentalidad circular. Mi vecino tiene pimientos y yo tengo huevos. La adolescente de enfrente puede ayudar a la tía de la manzana de abajo a aprender a usar las videoconferencias para hablar con sus nietos y recoger a los hijos de su vecino del colegio cuando este tenga que trabajar hasta tarde. Juntos somos más fuertes que por separado, juntos somos soberanos y autosuficientes. Así es la comunidad.

EL CAMINO QUE DEBES SEGUIR

Ahora que ya has avanzado tanto en el camino de estas enseñanzas, ¿cuál ha sido tu momento ¡ajá!? ¿Qué te ha impactado de lleno? ¿Qué te ha hecho desear ser más audaz con lo que vas a hacer a partir de ahora para vivir más feliz, con más fuerza, más conectado, más empoderado? ¿Qué es lo que nunca olvidarás? En el mismo momento en que compartimos algo, lo hablamos y lo ponemos de verdad en práctica, es cuando lo hacemos real. Cuéntanoslo ahora, aquí:

www.LakotaWay.org

Cada vez que cambiamos la perspectiva que tenemos de nosotros mismos, crecemos. ¿En qué aspecto has crecido tú? ¿En qué te has diferenciado? ¿Qué aprendiste que hizo crecer tu consciencia? Queremos saberlo para poder apoyarte en tu viaje y aprender de ti mientras seguimos el nuestro. Porque todos somos maestros y todos aprendemos unos de otros.

La finalidad de la vida no es ser fácil, sino enseñarte. Siempre habrá momentos y personas que te pongan a prueba, que traigan problemas a tu vida. Esta gente y estos momentos aparecen en tu vida como maestros. ¿Qué trata de enseñarte este desafío?

Una vez que reconoces que tus momentos son maestros, es mucho más fácil superar las dificultades. Utiliza los métodos y herramientas que hemos compartido para superar estos retos y problemas y aprende lo que intentan enseñarte, incorporándolo a tu conocimiento y tu comprensión de cómo vivir.

Nuestro deseo es que continúes el viaje. Que te quedes con lo que has aprendido e incorpores estas formas de pensar a tu vida cotidiana.

¿Cómo? Primero, empieza desde dentro. Toma la decisión y pon manos a la obra.

En segundo lugar, encuentra algo por lo que luchar. ¿De qué has sido testigo que sabes que es dañino o destructivo? Examínalo y llévalo a tu vida. Vuelve a contar la historia, vívela, actívala. *Ser un guerrero espiritual es una forma de vida.*

En tercer lugar, encuentra tu comunidad. Acércate a los que te rodean, tiende puentes y descubre a las personas que te apoyarán en tu crecimiento y crecerán contigo.

Somos un pueblo, una nación, todos somos indígenas de la Madre Tierra. Y para hacer la vida más bonita hacemos falta todos.

Con cariño,

Doug Good Feather

HÁU, MITÁKUYE OYÁS'IŊ

AGRADECIMIENTOS

En primer lugar, agradezco humildemente al Creador y a la Madre Tierra que me hayan dado esta vida y estas dificultades; sin ambas este libro no habría sido posible.

Me gustaría expresar mi agradecimiento especial a mis mayores que me mostraron estas costumbres y me enseñaron su autenticidad. Todo lo que enseño y todo lo que he aprendido, ya sea espiritual o científico, me lo inculcaron ellos. Felix Kills Pretty Enemy y Noah Has Horns me entregaron su tiempo, paciencia, enseñanzas y amor incondicional. Me siento desbordado de agradecimiento al expresarles humildemente mi gratitud, profunda y sincera, por haberme proporcionado mis cimientos en este mundo.

También me gustaría reconocer humildemente a Oley Little Eagle y Madeline Kills Pretty Enemy Little Eagle y expresarles toda mi gratitud por enseñarme las leyes de la naturaleza y a cantar y esforzarme. Me educaron a la antigua usanza para ser trabajador y honesto en todo lo que hago. Madeline era la matriarca de nuestra familia y nos enseñó a todos las tradiciones de nuestro pueblo. Era fuerte y sabia y de ella aprendí a respetar a las mujeres como cabeza de familia y columna vertebral del pueblo. Oley fue un padre maravilloso, compositor y hablante fluido de lakota, y me enseñó nuestras canciones tradicionales. Cada vez que volvía a casa, mi primera parada era para hacerle una visita, y siempre me recibía con una canción de bienvenida. Cantábamos juntos, y durante el resto de mi vida lo recordaré cada vez que cante. Los echo mucho de menos, pero sé que me dieron el regalo de nuestras costumbres tradicionales y que la lengua de nuestro pueblo vivirá para siempre.

A Doug Red Hail Pineda, Amy Star Speaker y todos aquellos que me ayudaron a llevar estas ideas más allá de la simplicidad de mi mente para plasmarlas en algo concreto, me siento agradecido y conmovido por vuestra dedicación a escuchar estas enseñanzas y ayudarme a crear este libro. Gracias.

–DOUG GOOD FEATHER

Mi madre, Lucy Pineda, me enseñó que una de las formas más elevadas de inteligencia es la capacidad de cuestionar lo que damos por cierto. Me siento verdaderamente honrado y agradecido por su sabiduría. Mi padre, Dan Pineda, fue el séptimo hijo de un séptimo hijo y, con diferencia, el ser humano más auténtico y honesto que he conocido. Me siento profundamente honrado de ser su hijo y muy agradecido de haber sido testigo de alguien cuyas palabras coinciden enteramente con sus acciones. Las lecciones que mis padres me enseñaron sobre la verdad me impulsaron a emprender mi camino espiritual y me proporcionaron la capacidad de ayudar a crear este libro. La búsqueda de la verdad te enseñará a ser humilde de muchas e inesperadas formas. Te deseo un camino despejado y un buen viaje en tu búsqueda.

Mitákuye Oyás' iŋ

—DOUG RED HAIL PINEDA

SOBRE EL AUTOR

Doug Good Feather es un nativo lakota americano de pura cepa, nacido y criado según las costumbres indígenas tradicionales de sus mayores en la reserva india de Standing Rock, en Dakota del Sur. Es descendiente directo del abuelo jefe Toro Sentado. Es director ejecutivo y líder espiritual de Lakota Way en Colorado y cofundador de Spirit Horse Nation. Puedes visitar el Lakota Way Healing Center ('centro de sanación Lakota Way') *online* en Lakotaway.org.